執行関係訴訟の実務

基礎知識と
手続の全体像の把握

東京簡易裁判所判事
園部 厚 [著]

青林書院

はしがき

　本書は，民事執行法に規定されている，請求異議の訴え，配当異議の訴え，第三者異議の訴え，取立訴訟，執行文付与の訴え，執行文付与に対する異議の訴えの民事執行に関する訴訟〔執行関係訴訟〕についての解説をしている。

　このような執行関係訴訟は，訴訟手続自体は，通常の訴訟手続と同様の手続で行われるが，民事執行に関わる訴訟ということで，通常の訴訟とは異なる部分も多い。このような執行関係訴訟に関わるのであれば，その点について理解をしておかなければならない。そして，その執行関係訴訟については，執行に関係するということで，同じような考え方に基づくものもあり，それらの訴訟をまとめて説明することには意味があると思われる。

　執行関係訴訟については，その法的性質等について見解が分かれているところもあり，その点について詳しく説明している文献も多い。もちろん，執行関係訴訟の法的性質等をどのように考えるかにより，その訴訟の手続に影響するのであるから，その点を考えることは大事であるが，問題はその点を検討した上で，その後の手続上の問題をどのように考え，どのように進行していくかが大事になってくると思われる。

　本書では，そのように考え，執行関係訴訟の法的性質等を検討した上で，その後の手続上の問題をどのように考え，どのように進行していくかについて，検討して解説をしており，執行関係訴訟における実際の実務上の問題をどのように考えるかを中心に記載したつもりである。

　そのような意図で作成された本書が，執行関係訴訟に携わる者にとって，執行関係訴訟について理解し，実務に携わる上で有用のものとなれば幸いである。

　最後に，本書の企画から携わり，本書の形式や判例等の資料の調査・表示等に至るまで検討配慮いただき，刊行に導いていただいた長島晴美さんと，校正をお手伝いいただいた髙井香奈枝さんに，心から感謝を申し上げる。

　　平成29年1月

　　　　　　　　　　　　　　　　　　　　　　　　園　部　厚

執筆者紹介

園 部　厚（そのべ　あつし）

東京簡易裁判所判事

　平成13年8月東京簡裁判事，その後，平成14年4月稚内簡裁，平成16年4月東京簡裁，平成19年4月石岡・笠間簡裁，平成22年4月東京簡裁，平成25年4月青森簡裁勤務後，平成28年4月より東京簡裁判事

〔主要著書〕『簡裁民事訴訟マニュアル』（日本評論社），『〔改訂版〕一般民事事件論点整理ノート（紛争類型編）・（民事訴訟手続編）』，『一般民事事件裁判例論点整理ノート』，『〔改訂版〕和解手続・条項　論点整理ノート』，『〔三訂版〕不動産競売マニュアル（申立・売却準備編）・（売却・配当手続編）』（以上，いずれも新日本法規出版），『簡裁民事訴訟事件要件事実マニュアル』，『書式　支払督促の実務〔全訂九版〕』，『書式　不動産執行の実務〔全訂10版〕』，『書式　債権・その他財産権・動産等執行の実務〔全訂14版〕』，『書式　借地非訟・民事非訟の実務〔全訂五版〕』，『わかりやすい紛争解決シリーズ①〜⑥』（以上，民事法研究会），『身近な損害賠償関係訴訟』，『交通事故物的損害の認定の実務〈理論と裁判例〉』，『示談・調停・和解の手続と条項作成の実務』（以上，青林書院）　　　　　　など

凡　例

1．用字・用語等

　本書の用字・用語は，原則として常用漢字，現代仮名づかいによったが，法令に用いられているもの及び判例，裁判例等の引用文は原文どおりとした。

2．関係法令

　関係法令は，原則として平成28年12月末日現在のものによった。

3．法令の引用表示

　本文解説中における法令の引用表示は，原則として正式名称とした。
　括弧内における法令の引用表示は，正式名称を用いるか，後掲の〔主要法令略語表〕によった。
　また，同一法令の条項番号は「・」で，異なる法令の条項番号は「，」で併記した。

4．判例の引用表示

　判例の引用表示は，通例に従い，次の略記法とした。その際に用いた略語は，後掲の〔判例集，雑誌等略語表〕によった。
〔例〕
　昭和45年6月24日最高裁判所大法廷判決，最高裁判所民事判例集24巻6号587頁　→　最大判昭45・6・24民集24巻6号587頁

5．文献の引用表示

　主要な文献の引用表示は，後掲の〔主要文献略語表〕によった。
　それ以外の文献の引用表示は，著者（執筆者）及び編者・監修者の姓名，「書名」，発行所，刊行年，引用（参照）頁を掲記した。
　主要な雑誌等の引用の際に用いた略語は，〔判例集，雑誌等略語表〕によった。

凡　例

〔主要法令略語表〕

略語	正式名称
会更	会社更生法
家事	家事事件手続法
仮登記担保	仮登記担保契約に関する法律
刑訴	刑事訴訟法
借地借家	借地借家法
消費者裁判手続	消費者の財産的被害の集団的な回復のための民事の裁判手続の特例に関する法律（消費者裁判手続法）
滞調	滞納処分と強制執行等との手続の調整に関する法律
動産債権譲渡特	動産及び債権の譲渡の対抗要件に関する民法の特例等に関する法律
破	破産法
犯罪被害保護	犯罪被害者等の権利利益の保護を図るための刑事手続に付随する措置に関する法律
民	民法
民再	民事再生法
民執	民事執行法
民執規	民事執行規則
民訴	民事訴訟法
民保	民事保全法

〔判例集, 雑誌等略語表〕

略語	正式名称
大	大審院
最	最高裁判所
最大	最高裁判所大法廷
民録	大審院民事判決録
民集	大審院民事判例集・最高裁判所民事判例集
集民	最高裁判所裁判集民事
高民集	高等裁判所民事判例集
東高民時報	東京高等裁判所民事判決時報
下民集	下級裁判所民事裁判例集
判時	判例時報
判タ	判例タイムズ
金商	金融商事判例
金法	金融法務事情
判例秘書	LLI／DB 判例秘書インターネット（LIC 法律情報データベース）

〔主要文献略語表〕

■判例解説

「最高裁判例解説民事編平成○年(上)・(下)」 → 「最高裁判所判例解説民事・平成○年度(上)・(下)」（法曹会）

■民事訴訟等

「民実講義案Ⅰ（五訂版）」　→裁判所職員総合研修所監修「民事実務講義案Ⅰ（五訂版）」（司法協会，2016）

「簡裁民事執務資料」　→最高裁判所事務総局編「昭和63年3月・民事裁判資料第177号　簡易裁判所民事事件執務資料」（法曹会，1988）

「簡裁民事研究報告書集」　→最高裁判所事務総局「平成2年9月・民事裁判資料第188号　簡易裁判所民事事務調査会の研究報告書集」

園部「〔改訂〕民事事件論点整理ノート（紛争類型）」　→園部厚「〔改訂版〕一般民事事件　論点整理ノート（紛争類型編）」（新日本法規出版，2012）

園部「〔改訂〕和解論点整理ノート」　→園部厚「〔改訂版〕和解手続・条項　論点整理ノート」（新日本法規出版，2015）

石川「訴訟上の和解の研究」　→石川明「訴訟上の和解の研究」（慶應義塾大学法学研究会，1956）

後藤ほか「訴訟上の和解の理論と実務」　→後藤勇＝藤田耕三編「訴訟上の和解の理論と実務」（西神田編集室，1987）

「和解条項実証的研究〔補訂版〕」　→裁判所職員総合研修所監修「書記官実務研究報告書　書記官事務を中心とした和解条項の実証的研究〔補訂版・和解条項記載例集〕」（法曹会，2010）

「和解書記官事務研究」　→裁判所書記官研修所監修「和解への関与の在り方を中心とした書記官事務の研究」〔平成13年度裁判所書記官実務研究報告書〕（司法協会，2003）

■民事執行等

「注解強制執行法(4)」　→鈴木忠一＝三ケ月章＝宮脇幸彦編「注解強制執行法(4)」（第一法規出版，1978）

兼子「増補強制執行法」　→兼子一「増補強制執行法」（酒井書店，1956）

菊井「強制執行法（総論）」　→菊井維大「法律学全集36－Ⅰ　強制執行法（総論）」（有斐閣，1976）

宮脇「強制執行法（各論）」　→宮脇幸彦「法律学全集36－Ⅱ　強制執行法（各論）」（有斐閣，1978）

「注釈民執法2・4・5・6・7」　→香川保一監修，吉野衛＝三宅弘人執筆代表

「注釈民事執行法〈第1巻〉・〈第2巻〉」（金融財政事情研究会，2 - 1985，4 - 1983，5 - 1985，6 - 1995，7 - 1989）

「注解民執法(1)・(3)・(4)・(5)」 →鈴木忠一＝三ヶ月章編「注解民事執行法(1)」（第一法規出版，(1)・(3) - 1984，(4)・(5) - 1985）

田中「新民執法の解説〈増補改訂版〉」 →田中康久「新民事執行法の解説〈増補改訂版〉」（金融財政事情研究会，1980）

竹下ほか「民事執行基本構造」 →竹下守夫＝鈴木正裕編「民事執行法の基本構造」（西神田編集室，1981）

中野「民執法〔増補新訂六版〕」 →中野貞一郎「現代法律学全集　民事執行法〔増補新訂六版〕」（青林書院，2010）

中野＝下村「民執法」 →中野貞一郎＝下村正明「民事執行法」（青林書院，2016）

「新基本法コンメ民執法」 →山本和彦＝小林昭彦＝浜秀樹＝白石哲編「別冊法学セミナーNo.227　新基本法コンメンタール民事執行法」（日本評論社，2014）

深沢＝園部「執行の実務(上)・(中)・(下)〔補訂〕」 →深沢利一著＝園部厚補訂「民事執行の実務(上)・(中)・(下)〔補訂版〕」（新日本法規出版，2007）

「滞納処分と強制執行等の調整執務資料」 →最高裁判所事務総局「民事裁判資料第143号　滞納処分と強制執行等との手続の調整に関する執務資料」（法曹会，1982）

「執行文講義案（改訂再訂版）」 →裁判所職員総合研修所監修「執行文講義案（改訂再訂版）」（司法協会，2015）

松村「執行・保全概論〔2版〕」 →松村和德「民事執行・保全法概論〔第2版〕」（成文堂，2013）

松本「執行保全法」 →松本博之「民事執行保全法」（弘文堂，2011）

東京地裁「民事執行の実務【3版】不動産(上)・(下)」 →東京地方裁判所民事執行センター実務研究会編著「民事執行の実務【第3版】不動産執行編(上)・(下)」（金融財政事情研究会，2012）

東京地裁「改訂不動産執行の理論と実務(下)」 →東京地裁民事執行実務研究会編著「改訂不動産執行の実務(下)」（法曹会，1999）

東京地裁「債権執行諸問題」 →東京地裁債権執行等手続研究会編著「債権執行の諸問題」（判例タイムズ社，1993）

園部「〔三訂〕不動産競売マニュアル（申立・売却準備）・（売却・配当）」 →園部厚「〔三訂版〕不動産競売マニュアル（申立・売却準備編）（売却・配当手続編）」（新日本法規，2014）

園部「書式債権・動産等執行実務〔全訂14版〕」 →園部厚「書式債権・その他の財産権・動産等執行の実務〔全訂14版〕」（民事法研究会，2016）

園部「書式代替執行・間接強制・意思表示擬制実務〔五版〕」 →園部厚「書式代替執行・間接強制・意思表示擬制の実務〔第五版〕」（民事法研究会，2011）

伊藤ほか「担保・執行・倒産の現在」 →伊藤眞＝道垣内弘人＝山本和彦編著「担保・執行・倒産の現在」（有斐閣，2014）

■執行関係訴訟

近藤「執行関係訴訟」 →近藤完爾「執行関係訴訟〔全訂版〕」（判例タイムズ社，1968）

「執行関係訴訟諸問題」 →司法研修所編「司法研究報告書第37輯第2号　執行関係等訴訟に関する実務上の諸問題」（法曹会，1989）

内田「執行関係訴訟理論と実務」 →内田義厚「執行関係訴訟の理論と実務」（民事法研究会，2016）

6．本書の表記の決まりと事項索引の取り方

(1) 「〔○○○〕……」の記載の場合，〔　〕内の「○○○」を付したものと付さないものを事項索引に掲載する。具体的には，「○○○……」と「……」を事項索引に掲載する。

(2) 「○○○〔△△△〕……」の記載の場合，〔　〕内の「△△△」は，その前の「○○○」を言い換えたものであり，事項索引には，「○○○……」と「△△△……」を掲載する。

(3) 「〈○○○・△△△・□□□〉……」，「〈○○○，△△△，□□□〉……」は，それぞれ選択して後の「……」に繋げ，それぞれ事項索引に掲載する。具体的には，「○○○……」，「△△△……」及び「□□□……」を事項索引に掲載する。

目　次

第1章　請求異議の訴え

第1節　請求異議の訴えの意義 …… 3

第2節　請求異議の訴えの適用範囲 …… 4

第1　債務名義の執行力排除──外国裁判所の判決に対する請求異議の訴え …… 4
第2　仮差押え及び仮処分命令 …… 4
第3　担保権実行としての競売 …… 4
第4　授権決定 …… 5
第5　検察官の執行命令 …… 5
第6　鉄道抵当権の実行 …… 6

第3節　請求異議の訴えの法的性質及び訴訟物 …… 7

第4節　請求異議事由について …… 9

第1　異議事由の同時主張 …… 9
第2　請求異議事由 …… 10
　Ⅰ　請求異議事由となるもの …… 10
　Ⅱ　債務名義に係る請求権の存在についての請求異議事由 …… 10
　　① 請求権の消滅事由 …… 10
　　② 請求権の発生障害事由 …… 10
　Ⅲ　債務名義に係る請求権の内容についての請求異議事由 …… 11
　　① 請求権の効力の停止・制限事由 …… 11
　　② 責任の制限又は消滅事由 …… 11
　　　(1) 倒産手続上の免責 …… 11
　　　(2) 限定承認 …… 11
　Ⅳ　債務名義に係る請求権の行使についての請求異議事由 …… 13

① 信義則違背，権利の濫用…………13
　　　② 債務名義の不正取得…………14
　　　③ 不執行の合意…………16
　　　④ 期限の利益喪失約款，無催告解除特約等…………17
　　　⑤ 債務名義の執行債権の差押え・仮差押え…………18
　　Ⅴ　裁判以外の債務名義の成立についての異議事由……………18
　　　① 裁判以外の債務名義における債務名義成立に関する異議事由…
　　　　…………18
　　　② 執行証書成立の瑕疵…………18
　　　　(1)　執行証書の執行受諾の意思表示の瑕疵…………18
　　　　(2)　執行証書の執行受諾の意思表示と表見代理…………19
　　　③ 〈和解調書，調停調書〉等の成立の瑕疵…………20
　第3　請求異議事由の制限………………………………………20
　　Ⅰ　確定判決の異議事由の時的制限……………………20
　　　① 確定判決の既判力による異議事由の制限…………20
　　　② 法律行為の取消し…………21
　　　③ 契約の解除…………21
　　　④ 相殺権の行使…………22
　　　⑤ 建物買取請求権の行使…………22
　　Ⅱ　〈仮執行宣言付の判決・損害賠償命令・届出債権支払命令・支払督促における確定前の請求異議訴訟〉における異議事由の主張………………………………………23
　　Ⅲ　請求異議訴訟と和解等無効確認訴訟又は和解調書無効を理由とする期日指定の申立て………………………24
　　Ⅳ　請求異議訴訟と債務不存在確認訴訟…………………25
　　Ⅴ　請求異議訴訟と不当利得返還請求訴訟等……………25

第5節　請求異議の訴えの訴訟手続………………………………26

第1　請求異議の訴えの管轄………………………………………26
第2　請求異議の訴えの訴訟物の価額……………………………28

第3 請求異議の訴えの当事者適格·················28
Ⅰ 請求異議の訴えの原告適格·················28
Ⅱ 請求異議の訴えの被告適格·················29
第4 請求異議の訴えの訴訟代理権·················29
第5 請求異議訴訟における執行停止等の仮の処分·················30
Ⅰ 請求異議訴訟における執行停止等の仮の処分の意義・内容···30
Ⅱ 請求異議訴訟における執行停止等の仮の処分の要件·················30
1 請求異議訴訟の受訴裁判所等による仮の処分·················30
〔請求異議の訴え提起に伴う強制執行停止決定申立書〕 31
2 執行裁判所による請求異議の訴え提起に伴う仮の処分·················32
Ⅲ 請求異議訴訟における執行停止等の仮の処分の審理·················32
〔請求異議の訴え提起に伴う強制執行停止決定〕 33
Ⅳ 請求異議訴訟における執行停止等の仮の処分の執行機関への提出·················34
第6 請求異議の訴え提起·················34
Ⅰ 請求異議の訴え提起の時期·················34
Ⅱ 請求異議の訴えの請求の趣旨·················34
Ⅲ 請求異議の訴えの請求の原因·················35
1 請求異議の訴えにおける債務名義が判決の場合の請求原因·················35
2 請求異議の訴えにおける債務名義が判決以外の場合の請求原因·················35
〔請求異議の訴えの請求の趣旨及び原因記載例〕 36
① 和解調書についての請求異議の訴えの場合 36
② 執行証書についての請求異議の訴えの場合 37
第7 請求異議の訴えにおける当事者の主張立証·················38
Ⅰ 債務名義が判決の場合·················38
1 原告の請求原因事実の主張立証·················38
2 被告の抗弁事実の主張立証·················38
Ⅱ 債務名義が判決以外の場合·················38
1 原告の請求原因事実の主張立証·················38

| | 2 | 被告の抗弁事実の主張立証……………38 |
| | 3 | 原告の再抗弁事実の主張立証……………39 |

第6節　請求異議訴訟の終了……………40

第1　請求異議訴訟の判決……………40
　　Ⅰ　請求異議訴訟の訴え却下,請求棄却の判決……………40
　　Ⅱ　請求異議訴訟の請求認容判決……………40
〔永久的不許判決主文〕　40
〔延期的不許判決主文〕　41
〔一部認容判決主文〕　41
　　Ⅲ　仮処分についての判断……………41
　　Ⅳ　請求異議訴訟の判決の効力……………42
　　　1　請求異議訴訟の請求棄却判決の効力……………42
　　　2　請求異議訴訟の請求認容判決の効力……………42

第2　請求異議訴訟における和解……………43
第3　請求異議訴訟における請求の放棄・認諾……………44

第2章　配当異議の訴え　45

第1節　配当異議の訴えの意義……………47

第2節　配当異議の訴えの性質……………49

第3節　配当期日における配当異議の申出……………51

第1　配当期日における異議申出の内容……………51
　　Ⅰ　執行手続上の不服……………51
　　Ⅱ　実体上の不服……………52
第2　配当表に記載のない者の配当異議の申出……………52
第3　実行担保権の債務者の配当異議の申出……………53
第4　実行担保権以外の債務者の配当異議の申出……………54

目次

第5 配当異議の申出の取下げ……………………………………………54

第4節　配当異議訴訟における訴訟手続……………………………56

第1 配当異議の訴えの管轄裁判所……………………………………56
第2 配当異議の訴えの訴訟物の価額…………………………………56
第3 配当異議の訴えの当事者適格……………………………………57
　Ⅰ　配当異議の訴えの原告適格………………………………………57
　　❶　債権者,債務者及び所有者の原告適格…………57
　　❷　配当表に記載されていない債権者の原告適格……………58
　Ⅱ　配当異議の訴えの被告適格………………………………………58
　Ⅲ　配当異議の申出をしなかった債務者・債権者の補助参加……58
　　❶　債権者からの配当異議の訴えの場合………………58
　　❷　債務者からの配当異議の訴えの場合………………59
第4 配当異議訴訟における共同訴訟…………………………………60
　Ⅰ　債権者からの配当異議の訴えの競合……………………………60
　Ⅱ　債務者からの訴えと債権者からの配当異議の訴えの競合……60
第5 配当異議訴訟における訴えの利益——原告への交付額の
　　増加………………………………………………………………………61
　Ⅰ　債権者からの配当異議の訴え——原告債権者への配当額の
　　　増加……………………………………………………………………61
　Ⅱ　債務者からの配当異議の訴え——原告債務者への剰余金の
　　　増加……………………………………………………………………62
第6 配当異議訴訟における請求の趣旨・原因等……………………63
　Ⅰ　配当異議訴訟における請求の趣旨………………………………63
〔債務者提起の債務名義を有しない債権者に対する配当異議の訴えの請求の趣旨記載例〕　64
〔債権者提起の他の債権者に対する配当異議の訴えの請求の趣旨記載例〕　65

　Ⅱ　配当異議訴訟における請求の原因・抗弁等……………………65
　　❶　配当異議の訴えの請求原因……………65
　　　(1)　債権者からの配当異議の訴えにおける請求原因…………65
〔債権者提起の他の債権者に対する配当異議の訴えの請求の原因記載例〕　66

① 債権配当等事件　66
　　　② 不動産競売事件　67
　　(2)　債務者からの配当異議の訴えの請求原因…………68
〔債務者提起の債務名義を有しない債権者に対する配当異議の訴えの請求の原因記載例〕　69
　2　配当異議の訴えの抗弁等…………70
　　(1)　債権者からの配当異議の訴えにおける抗弁等…………70
　　(2)　債務者からの配当異議の訴えの抗弁等…………70
　3　配当異議訴訟における原告の起訴証明…………70
　4　配当異議事由…………71
　　(1)　配当異議事由の時的限界…………71
　　(2)　配当異議事由…………72

第7　配当異議訴訟における当事者の最初の口頭弁論期日への不出頭……………76

Ⅰ　配当異議訴訟における原告の最初の口頭弁論期日への不出頭……………76

Ⅱ　配当異議訴訟における被告の最初の口頭弁論期日への不出頭……………77

Ⅲ　配当異議訴訟における当事者双方の最初の口頭弁論期日への不出頭……………77

第5節　配当異議訴訟の終了……………79

第1　配当異議訴訟の判決……………79

Ⅰ　配当異議訴訟における当事者の不出頭と訴え却下……………79

Ⅱ　配当異議訴訟における判決の内容……………80

　1　配当異議訴訟の訴え却下判決…………80
　2　配当異議訴訟の請求棄却判決…………80
　3　配当異議訴訟の請求認容判決…………80
　　(1)　請求認容判決主文…………80
　　(2)　債権者による配当異議の訴えの場合の請求認容判決の内容…………81
　　(3)　債務者による配当異議の訴えの場合の請求認容判決の内容………82
　　(4)　債務者からの配当異議の訴えと債権者からの配当異議の訴えが

　　　　　　　併合された場合の請求認容判決············83
　　　　（5）配当異議の請求認容判決に対する仮執行宣言············83
　　Ⅲ　配当異議訴訟の判決の効力···················84
　　　1　配当異議訴訟の訴え却下又は請求棄却判決の効力············84
　　　2　債権者提起の配当異議の訴えの認容判決の効力············84
　　　3　〈債務者，所有者〉提起の配当異議の訴えの認容判決の効力····
　　　　　······86
　　　4　債権者及び債務者・所有者からの配当異議の訴えの認容判決が競合する場合············86
　　　5　配当異議の訴えで勝訴した原告に対する同訴訟の被告の不当利得返還請求訴訟············87
第2　配当異議訴訟における和解，請求の放棄・認諾············87
第3　配当異議訴訟における取下げ，取下げ擬制············89
第4　配当異議訴訟終了後の供託金の支払委託・追加配当············89
第5　配当終了後の不当利得返還請求···················90
　Ⅰ　配当終了後の〈債務者，所有者〉からの不当利得返還請求···90
　Ⅱ　配当終了後の債権者からの不当利得返還請求············91
　　　1　配当終了後の一般債権者からの不当利得返還請求············91
　　　2　配当終了後の抵当権者からの不当利得返還請求············91
　　　3　配当終了後の一般先取特権者からの不当利得返還請求············92
　　　4　配当終了後の交付要求債権者からの不当利得返還請求············92

第3章　第三者異議の訴え

第1節　第三者異議の訴えの意義及び適用範囲············95

第1　第三者異議の訴えの意義···················95
第2　第三者異議の訴えの適用範囲···················95

第2節　第三者異議の訴えの法的性質············97

第3節　第三者異議の訴えの異議の原因……99
第1　総　　説……99
第2　第三者異議の訴えにおける第三者の対抗要件具備の要否…99
- Ⅰ　第三者の対抗要件具備の要否――差押債権者の第三者該当性……99
- Ⅱ　第三者が仮登記を有する者の場合……100
- Ⅲ　権利能力なき社団・財団所有の不動産についての第三者異議の訴え……101

第3　第三者異議の訴えにおける所有権の主張……101
- Ⅰ　所有権を失う場合,所有者として権利行使が事実上妨げられる場合……101
- Ⅱ　共有の場合……102
- Ⅲ　債権等の帰属の問題――誤振込みの問題……102

第4　第三者異議の訴えにおける占有権の主張……103
第5　第三者異議の訴えにおける用益物権及び対抗力ある賃借権の主張……104
第6　第三者異議の訴えにおける抵当権・先取特権の主張……104
第7　第三者異議の訴えにおける質権の主張……105
- Ⅰ　不動産質権の主張……105
- Ⅱ　動産質権の主張……105
- Ⅲ　債権質権の主張……106

第8　第三者異議の訴えにおける留置権の主張……106
- Ⅰ　不動産留置権の主張……106
- Ⅱ　動産留置権の主張……106

第9　第三者異議の訴えにおける仮登記担保権の主張……106
第10　第三者異議の訴えにおける譲渡担保権の主張……108
- Ⅰ　不動産譲渡担保権の主張……108
  - ① 譲渡担保権による所有権移転登記後に譲渡担保権設定者の債権者が強制競売の申立てをした場合……108

② 譲渡担保権による所有権移転登記後に譲渡担保権者の債権者が強制競売の申立てをした場合……… 108
　Ⅱ　動産譲渡担保権の主張……… 109
　　① 譲渡担保権者からの第三者異議の訴え……… 109
　　② 譲渡担保権設定者からの第三者異議の訴え……… 110
　　③ 集合動産譲渡担保と第三者異議の訴え……… 110
　Ⅲ　債権譲渡担保権の主張……… 111
　　① 通常の指名債権の譲渡担保の場合……… 111
　　② 集合債権譲渡担保の場合……… 111
第11　第三者異議の訴えにおける所有権留保の主張……… 112
第12　第三者異議の訴えにおけるファイナンス・リースの主張… 113
第13　第三者異議の訴えにおける債権的請求権の主張……… 114
第14　第三者異議の訴えにおける処分禁止の仮処分の主張……… 114

第4節　第三者異議の訴えの訴訟手続……… 116

第1　第三者異議の訴えの管轄……… 116
第2　第三者異議の訴えの訴訟物の価額……… 116
第3　第三者異議の訴えの当事者適格……… 116
　Ⅰ　第三者異議の訴えの原告適格……… 116
　　① 第三者異議の訴えの原告適格……… 117
　　② 第三者異議の訴えにおける破産管財人の原告適格……… 117
　　③ 限定承認相続人固有財産に対する強制執行に対する限定承認相続人の第三者異議の訴え……… 117
　　④ 第三者の債権者による債権者代位権に基づく第三者異議の訴え……… 117
　　⑤ 責任範囲が限定された債務者による第三者異議の訴え……… 118
　Ⅱ　第三者異議の訴えの被告適格……… 118
第4　第三者異議の訴えにおける執行停止等の仮の処分……… 118
　〔第三者異議の訴え提起に伴う強制執行停止決定〕　119
第5　第三者異議の訴え提起……… 120

Ⅰ　第三者異議の訴え提起の時期……………………………………………120
　　　　1　第三者異議の訴え提起の時期……………120
　　　　2　特定物件引渡し・明渡しの強制執行における執行開始前の第三者異議の訴え提起……………120
　　　　3　執行終了後の第三者異議の訴え……………120
　　　Ⅱ　第三者異議の訴えにおける請求の趣旨・原因………………………121
　　　　1　第三者異議の訴えの請求の趣旨……………121
　　　　2　第三者異議の訴えの請求の原因……………122
〔第三者異議の訴えの訴状の請求の趣旨及び請求の原因〕　123
　　　Ⅲ　訴えの併合……………………………………………………………124
　　　　1　第三者異議の訴えにおける訴えの客観的併合……………124
　　　　2　第三者異議の訴えにおける訴えの主観的併合──債務者に対する実体法上の権利関係の確認又は目的物引渡し等を求める訴えの併合提起……………124
　　　Ⅳ　第三者異議の訴えにおける訴えの変更………………………………124
　　　　1　第三者異議の訴えの損害賠償請求の訴えへの訴え変更……………124
　　　　2　仮差押えの執行に対する第三者異議の訴えの本執行に対する第三者異議の訴えへの訴え変更……………125
　第6　第三者異議の訴えにおける当事者の主張立証……………………125
　　　Ⅰ　第三者異議の訴えにおける原告の請求原因事実の主張立証…125
　　　Ⅱ　第三者異議の訴えにおける被告の抗弁事実の主張立証………126
　　　　1　原告の権利の消滅事由……………126
　　　　2　原告の権利の発生障害事由……………126
　　　　3　執行手続の終了……………126
　　　　4　対抗要件欠缺の権利抗弁……………126
　　　　5　詐害行為取消権の行使……………126
　　　　6　第三者異議の訴えにおける原告の法人格否認の抗弁……………127
　　　　7　権利濫用・信義則違反……………128
　　　Ⅲ　第三者異議の訴えにおける原告の再抗弁事実の主張立証……128

第5節　第三者異議訴訟の終了 … 129

第1　第三者異議訴訟の判決 … 129
Ⅰ　第三者異議訴訟の判断の基準時 … 129
Ⅱ　第三者異議訴訟の判決 … 129
1. 第三者異議訴訟の訴え却下判決 … 129
2. 第三者異議訴訟の請求棄却判決 … 129
3. 第三者異議訴訟の請求認容判決 … 130

〔動産に対する強制執行不許の判決主文〕　130
〔担保不動産競売不許の判決主文〕　130

Ⅲ　仮の処分の取扱い … 130
Ⅳ　第三者異議訴訟の判決の効力 … 131
1. 第三者異議訴訟の請求棄却判決の効力 … 131
2. 第三者異議訴訟の請求認容判決の効力 … 131

第2　第三者異議訴訟における和解 … 132
第3　第三者異議訴訟における請求の認諾・放棄 … 132

第4章　取立訴訟　133

第1節　総　説 … 135

第1　取立訴訟の意義 … 135
第2　差押えの執行と債務者の第三債務者に対する給付訴訟 … 136

第2節　取立訴訟の訴訟物等 … 137

第3節　取立訴訟と他の手続の関係 … 138

第1　取立訴訟と滞納処分 … 138
Ⅰ　滞納処分が先行する場合 … 138
Ⅱ　強制執行等が先行する場合 … 138
第2　取立訴訟と執行停止文書 … 139

第4節　取立訴訟の訴訟手続 … 141

第1　当事者等 … 141
- Ⅰ　取立訴訟の当事者 … 141
- Ⅱ　取立訴訟における原告差押債権者の地位 … 141
  1. 法定訴訟担当 … 141
  2. 取立訴訟提起後に転付命令が確定した場合 … 142
- Ⅲ　［競合債権者の］取立訴訟への訴訟参加 … 143
  1. ［競合債権者に対する］取立訴訟への訴訟参加命令 … 143
     (1) ［競合差押債権者に対する］取立訴訟への訴訟参加命令申立て … 143
     (2) 取立訴訟への参加命令の相手方 … 143
     (3) 参加命令の審理・裁判 … 144
  2. 競合債権者の取立訴訟への訴訟参加手続 … 146
- Ⅳ　参加命令のない場合の競合債権者の取立訴訟の提起 … 146

第2　取立訴訟の管轄 … 147

第3　当事者の主張 … 147
- Ⅰ　請求の趣旨 … 147
  1. 取立訴訟の請求の趣旨 … 147
  2. 取立訴訟での請求金額 … 148
  3. 取立訴訟における被差押債権の範囲内の請求――取立訴訟における被差押債権の遅延損害金の請求 … 148
- Ⅱ　請求の原因 … 149
  1. 取立訴訟の請求原因 … 149
  2. 取立訴訟における被差押債権の発生原因事実の特定 … 150

〔取立訴訟の訴状の請求の趣旨・原因（債権者競合のない給料債権）〕　151

  3. 原告差押債権者が支払を受けていない債権額の記載 … 152
- Ⅲ　抗弁等 … 152
  1. 取立訴訟における取立権発生原因事実に対する抗弁 … 152
     (1) 原告の差押命令の取消し・強制執行の取下げ … 152

　　　　(2) 原告の差押えの無効・取消し………… 152
　　　　(3) 差押命令の基となった債務名義・担保権の実体的要件………… 153
　　　　(4) 差押債権者に対する執行停止………… 153
　　2 取立訴訟における被差押債権の発生原因事実に対する抗弁等……
　　　　………… 154
　　　　(1) 被差押債権の不存在又は消滅………… 154
　　　　(2) 被告第三債務者の債務者に対して有する反対債権による相殺…
　　　　　　………… 155
　　　　(3) 被告第三債務者が原告差押債権者に対して有する反対債権による相殺………… 155
　　　　(4) 先行する滞納処分による差押えの主張………… 156
　　3 取立訴訟における差押債権者の取立てに応じた支払の抗弁………
　　　　…… 156

第5節　取立訴訟の終了………… 157
第1　取立訴訟の判決………… 157
　Ⅰ　取立訴訟の判決の種類………… 157
　　1 取立訴訟における訴え却下判決・請求棄却判決………… 157
　　　　(1) 取立権の発生原因事実の欠缺による訴え却下判決………… 157
　　　　(2) 被差押債権の発生原因事実の欠缺による請求棄却判決………… 157
　　2 取立訴訟の認容判決………… 158
　　　　(1) 訴状送達時までに債権者の競合が生じなかったときの判決主文…
　　　　　　………… 158
　　　　(2) 取立訴訟の訴状の送達までに債権者の競合が生じたときの判決主文………… 158
　　　　(3) 競合債権者が差押えを解放して差押債権者が1人となった場合の判決主文………… 159
　Ⅱ　取立訴訟の判決の効力………… 159
　　1 取立訴訟判決の債務者に対する効力………… 159
　　2 取立訴訟判決の債権者に対する効力………… 159
　Ⅲ　取立訴訟の認容判決の実行………… 160

1　取立訴訟の給付判決の強制執行……………160
　　　2　供託判決の強制執行……………161
第2　取立訴訟における訴えの取下げ, 請求の放棄, 和解…………162
　Ⅰ　取立訴訟における訴えの取下げ………………………………162
　Ⅱ　取立訴訟における請求の放棄…………………………………162
　Ⅲ　取立訴訟における和解…………………………………………163
　　　1　被差押債権の処分を内容とする和解……………163
　　　2　供託による支払の合意……………163
　　　3　各債権者に直接支払をする旨の合意……………163

第5章　執行文付与の訴え　165

第1節　執行文付与の訴えの対象……167

第1　条件成就及び承継の事実……………167
第2　非免責債権であることを理由とする破産債権表につき執行文付与の訴え提起の可否……167

第2節　執行文付与の訴えの性質及び訴訟物……169

第3節　執行文付与の訴えの提起……171

第1　執行文付与の訴えの管轄……171
第2　執行文付与の訴えの訴訟物の価額……173
第3　執行文付与の訴えの当事者適格……174
　Ⅰ　執行文付与の訴えの原告・被告………………………………174
　Ⅱ　法人格否認の法理と執行力の拡張……………………………174
　Ⅲ　権利能力なき社団の財産に対する強制執行…………………174
第4　執行文付与の訴えにおける訴えの利益……175
　Ⅰ　証明文書が存する場合の執行文付与の訴え…………………175
　Ⅱ　執行文付与拒絶処分に対する異議棄却後の執行文付与の訴え……………………………………………………………………175

第5　執行文付与の訴えの訴状……176
Ⅰ　執行文付与の訴えの請求の趣旨……176
〔執行文付与の訴えの請求の趣旨記載例〕　176
Ⅱ　執行文付与の訴えの請求の原因……177
Ⅲ　執行文付与の訴えの訴状の記載事項……177
〔執行文付与の訴えの訴状〕　178
Ⅳ　執行文付与の訴えにおける裁判所書記官による執行文付与拒絶処分の先行……179

第4節　執行文付与の訴えにおける当事者の主張立証……180
第1　原告の請求原因事実の主張立証……180
第2　被告の防御方法……180
Ⅰ　執行文付与の訴えにおける債務名義の請求に関する異議事由〔請求異議事由〕の主張……180
Ⅱ　執行文付与の訴えにおける被告の防御方法……181

第5節　執行文付与訴訟の終了……182
第1　執行文付与訴訟における判決……182
第2　執行文付与訴訟における和解……182
第3　執行文付与訴訟における請求の放棄・認諾……183

第6節　執行文付与の訴えにおける認容判決後の執行文付与手続…184

第6章　執行文付与に対する異議の訴え　185

第1節　執行文付与に対する異議の訴えの意義……187
第2節　執行文付与に対する異議の訴えの性質及び訴訟物……188
第3節　執行文付与に対する異議の訴えにおける異議事由……190

第1　執行文付与に対する異議の訴えにおける異議事由…………190
第2　執行文付与に対する異議の訴えにおける執行文付与の形式的要件欠缺の主張………………………………………………190
第3　意思表示擬制の債務名義についての執行文付与に対する異議の訴え……………………………………………………191
第4　執行証書（公正証書）での金額の一定性──事後求償権についての執行証書（公正証書）…………………………191
第5　執行文付与に対する異議の訴えにおける請求異議の訴えの異議事由の主張…………………………………………192
第6　執行文付与に対する異議の訴えにおける異議事由の同時主張…………………………………………………………192
第7　執行文付与に対する異議の訴えと執行文付与に対する異議の申立て………………………………………………192

第4節　執行文付与に対する異議の訴えの提起……………………194

第1　執行文付与に対する異議の訴えの管轄………………………194
第2　執行文付与に対する異議の訴えの訴訟物の価額……………194
第3　執行文付与に対する異議の訴えの当事者適格………………194
第4　執行文付与に対する異議の訴え提起の時期…………………195
　Ⅰ　執行文付与に対する異議の訴え提起の時期…………………195
　Ⅱ　意思表示擬制の債務名義と執行文付与に対する異議の訴え…196
第5　執行文付与に対する異議の訴えに係る執行停止等の裁判…196
第6　執行文付与に対する異議の訴えの訴状………………………197
　Ⅰ　執行文付与に対する異議の訴えの請求の趣旨………………197
　　〔執行文付与に対する異議の訴えの訴状の請求の趣旨記載例〕　197
　Ⅱ　執行文付与に対する異議の訴えの請求の原因………………197
　　〔執行文付与に対する異議の訴えの訴状の請求の趣旨・原因記載例〕　198

第5節　執行文付与に対する異議の訴えにおける当事者の主張立証………………………………………………………………199

第1　執行文付与に対する異議の訴えにおける原告の請求原因事実の主張立証……………………………………………………199

第2　執行文付与に対する異議の訴えにおける被告の抗弁事実の主張立証……………………………………………………199

第3　執行文付与に対する異議の訴えにおける原告の再抗弁事実の主張立証……………………………………………………199

第6節　執行文付与異議訴訟の審理……………………………201

第7節　執行文付与異議訴訟の終了……………………………202

第1　執行文付与異議訴訟における判決……………………………202
第2　執行文付与異議訴訟における和解……………………………202
第3　執行文付与異議訴訟における請求の放棄・認諾……………203

　事項索引……… 205
　条文索引……… 211
　判例索引……… 213

第1章

請求異議の訴え

第1節　請求異議の訴えの意義

　強制執行は，私法上の請求権の強制的実現を目的とするものであるが，その効率的かつ迅速な手続進行を図るために，権利判定機関（裁判機関）と権利実現機関（執行機関）を分離し，執行機関は，私権の存在を証するものとして債務名義を基本とし（民執22条），その債務名義が存在する限り，執行機関はその実体上の請求権の存否等について審査することなく，執行手続を進めることになる。そうすると，実体上の請求権が消滅するなどして，債務名義の表示と実体上の請求権との間に不一致が生じ，実体上の請求権が存在しないのに執行手続が進んでしまうことになる。この場合，その不一致を是正し，債務名義に基づく強制執行不許の宣言をして債務者の救済を図るのが請求異議の訴えである。債務者が，その強制執行不許を宣言する判決等を執行機関に提出することにより，債務名義に基づく強制執行を阻止することができるのである（民執39条1項1号・40条1項）（深沢＝園部「執行の実務(下)〔補訂〕」603頁第1）。

> 　保全実行，担保権実行及び形式競売（民執195条）には，その執行名義となるものはあるが，債務名義とはその機能が異なるところがあり，請求異議の訴えに代わる他の手段が存するので，民事執行法35条の適用・準用は認められない（民執194条・195条，民保46条参照）（中野＝下村「民執法」219頁＊2）。

第2節　請求異議の訴えの適用範囲

第1　債務名義の執行力排除——外国裁判所の判決に対する請求異議の訴え

　請求異議の訴えは，債務名義の存在を前提として，その執行力の排除を目的とする訴えである。

　外国裁判所の判決については，確定した執行判決のある外国裁判所の判決が債務名義となるのであって（民執22条6号），外国裁判所の判決であっても確定した執行判決のないものについては債務名義とならないので，確定した執行判決のない外国裁判所の判決に対する請求異議の訴えは，不適法な訴えであり，却下される（東京地判平23・3・28判タ1351号241頁）。

第2　仮差押え及び仮処分命令

　仮差押え，仮処分命令は，請求権を確定するものではなく，事情変更による取消手続（民保38条）が認められていることから，請求異議の訴えは認められない（「執行関係訴訟諸問題」90頁二，深沢=園部「執行の実務(下)〔補訂〕」608頁）。

第3　担保権実行としての競売

　請求異議の訴えは，債務名義の存在を前提としてその執行力の排除を目的とする訴えであるから，債務名義の存在しない担保権実行としての競売手続

においては，民事執行法35条の準用は認められない（民執194条参照）（「執行関係訴訟諸問題」90頁三，深沢＝園部「執行の実務(下)〔補訂〕」608頁）。

第4　授権決定

　代替執行の決定がされた場合の授権決定（民執171条）は，基本となる債務名義の執行方法として発せられるものであり，債務名義の内容である実体上の請求権の存否を審査して発せられるものではない。債務者は，基本たる債務名義に対する実体上の異議があるときは，当該債務名義に対して請求異議の訴えを提起すべきである（「執行関係訴訟諸問題」91頁，深沢＝園部「執行の実務(下)〔補訂〕」605頁・606頁）。

　なお，代替執行費用支払決定（民執171条4項）は，民事執行法22条3号の抗告によらなければ不服を申し立てることができない裁判としての債務名義に該当するので（民執171条5項），同決定に対しては請求異議の訴えを提起することができる（「執行関係訴訟諸問題」91頁）。

第5　検察官の執行命令

　罰金，科料，没収，追徴，刑事訴訟法上の過料，訴訟費用，費用賠償，仮納付の裁判は，検察官の命令によって執行され，この命令が執行力ある債務名義と同一の効力を有するとされている（刑訴490条）が，この執行命令に対しては刑事訴訟法502条の異議申立てができるので，請求異議の訴えを提起することは許されない（最判平4・7・17民集46巻5号538頁（検察官が訴訟費用の裁判の執行のために発した徴収命令に対し，請求異議の訴えによってその効力を争うことは許されない。））（「執行関係訴訟諸問題」91頁七，深沢＝園部「執行の実務(下)〔補訂〕」608頁）。

　これに対し，上記のような特別の不服申立手続がない，民事訴訟法189条1項，非訟事件手続法121条1項の過料の裁判に対する検察官の執行命令，

家事事件手続法291条1項，民事調停法36条1項の過料の裁判に対する裁判官の命令は，いずれも執行力ある債務名義と同一の効力を有するものとされているので，これらについては請求異議の訴えが許される（「注釈民執法2」392頁，深沢＝園部「執行の実務(下)〔補訂〕」608頁）。

第6　鉄道抵当権の実行

鉄道抵当権の実行については，鉄道抵当法で強制執行という表現を用い，かつ，同法41条には債務名義の定めがあることを理由として，請求異議の訴えを提起することができるとされている（「執行関係訴訟諸問題」91頁六，深沢＝園部「執行の実務(下)〔補訂〕」609頁11）。

第3節 請求異議の訴えの法的性質及び訴訟物

　請求異議の訴えの法的性質については，以下のように見解が分かれているが，形成訴訟説が妥当であり，実務の大勢であるとされている（「執行関係訴訟諸問題」26頁，内田「執行関係訴訟理論と実務」14頁，深沢＝園部「執行の実務(下)〔補訂〕」611頁）。

① 形成訴訟説

　請求異議の訴えは，債務名義に表示された請求権に関する実体上の異議事由が存在する場合には，形成権である執行法上の異議権を生じ，この異議権に基づいて当該債務名義の執行力の排除を求める形成の訴えであるとする（「執行関係訴訟諸問題」21頁1，内田「執行関係訴訟理論と実務」12頁1，深沢＝園部「執行の実務(下)〔補訂〕」609頁①）。

② 確認訴訟説

　請求異議の訴えを，債務名義に表示された給付義務の不存在を確認する訴えであるとする（「執行関係訴訟諸問題」22頁2，内田「執行関係訴訟理論と実務」13頁2，深沢＝園部「執行の実務(下)〔補訂〕」610頁③）。

③ 救済訴訟説

　請求異議の訴えを，実体権の確定と執行力の排除という2つの機能を有する特殊な訴訟形態〔救済訴訟〕であるとする（「執行関係訴訟諸問題」24頁4，内田「執行関係訴訟理論と実務」13頁3，深沢＝園部「執行の実務(下)〔補訂〕」610頁⑤）。

④ 命令訴訟説

　請求異議の訴えを，執行債権をめぐる実体関係を確定し，その確定結果を執行関係のコントロールという目的に適した形で執行機関に対して命令

するという二重構造を有するものであるとする（「執行関係訴訟諸問題」24頁5，内田「執行関係訴訟理論と実務」13頁4，深沢＝園部「執行の実務(下)〔補訂〕」611頁⑥）。

⑤　新形成訴訟説

　　請求異議の訴えは，原告である債務者が特定の債務名義の執行力の排除を求める地位にあるとの法的主張を訴訟物とし，執行不許を宣言する認容判決によって債務名義の執行力を排除する形成訴訟であるとし，争点効もしくは信義則の適用又は既判力による遮断効の適用によって債務名義に表示された実体上の給付請求権の存否をめぐる紛争の蒸し返しを防止するものであるとする（「執行関係訴訟諸問題」25頁6，中野＝下村「民執法」223頁，内田「執行関係訴訟理論と実務」13頁，深沢＝園部「執行の実務(下)〔補訂〕」610頁②）。

　請求異議の訴えの法的性質について形成訴訟説に立つと，同訴えの訴訟物は，形成権である執行法上の異議権であり，訴訟物の個数は1個と解され，実体上の異議事由等は攻撃方法にすぎないと解されている（「執行関係訴訟諸問題」32頁二，内田「執行関係訴訟理論と実務」54頁，深沢＝園部「執行の実務(下)〔補訂〕」612頁・613頁）。

第4節　請求異議事由について

第1　異議事由の同時主張

　異議事由が数個あるときは，債務者は，これを同時に主張しなければならないとされている（民執35条3項（34条2項））。この同時主張の意義については，①訴状記載説（数個の異議は原則としてすべて訴状に記載することを要し，例外的に訴え提起時に存在したが債務者がそのことを知らなかったことについて無過失であれば追加主張を認める説），②同一審級説（訴え提起の際に知ることができた異議は，同一審級において必ず主張することを要するとする説），③同一訴訟説（事実審の口頭弁論終結時までは別個の異議を追加して主張することができるとする説）があるとされている（「執行関係訴訟諸問題」36頁1・2，内田「執行関係訴訟理論と実務」16頁，深沢＝園部「執行の実務(下)〔補訂〕」629頁）。

　これについては，同一訴訟説を基礎としつつ（深沢＝園部「執行の実務(下)〔補訂〕」629頁），民事執行法35条3項（34条2項準用）が同時主張を規定していることから，通常の事件において予想される主張整理終結の時期までに異議事由の主張がされなかった場合には，民事執行法35条3項（34条2項準用）や民事訴訟法156条（攻撃防御方法の適時提出主義）及び157条1項（時期に後れた攻撃防御方法の却下）の趣旨に照らし，原則として時機に後れた攻撃方法として却下されると解すべきである（内田「執行関係訴訟理論と実務」17頁・18頁）。

第2 請求異議事由

I 請求異議事由となるもの

　請求異議事由になるのは，債務名義に係る請求権の存在又は内容についてのものが原則である（民執35条1項前段）が，裁判以外の債務名義については，その成立についての瑕疵も異議事由となる（民執35条1項後段）（深沢＝園部「執行の実務(下)〔補訂〕」613頁）。

II 債務名義に係る請求権の存在についての請求異議事由

　債務名義の請求権の存在についての異議事由として以下のものがある。

1 請求権の消滅事由

　請求異議事由となる請求権の消滅事由として，債務の弁済，代物弁済，免除，放棄，相殺，更改，混同，供託，消滅時効の完成，履行不能，契約の解除，給付内容の変更，解除条件の成就，一身専属的権利者の死亡，詐欺・強迫等による取消し，和解等がある（「執行関係訴訟諸問題」39頁(→)，内田「執行関係訴訟理論と実務」19頁(1)，深沢＝園部「執行の実務(下)〔補訂〕」614頁(→)）。

2 請求権の発生障害事由

　請求異議事由となる請求権の発生障害事由として，虚偽表示（民94条），錯誤（民95条），公序良俗違反（民90条）等による無効，代理権の欠缺等がある。これらの事由は，請求権の発生自体を否定するものであり，対象となる債務名義が既判力を有し，既判力の基準時前の事由の主張が遮断される場合には，請求異議の事由として主張できない。そのため，これらの事由は，既判力が生ずる裁判以外の債務名義でのみ問題となる（「執行関係訴訟諸問題」39

頁㈡)，内田「執行関係訴訟理論と実務」19頁(2)，「新基本法コンメ民執法」99頁，深沢＝園部「執行の実務(下)〔補訂〕」614頁㈡)。

Ⅲ 債務名義に係る請求権の内容についての請求異議事由

債務名義の請求権の内容についての異議事由として以下のものがある。

1 請求権の効力の停止・制限事由

請求異議事由となる請求権の効力の停止・制限事由として，返済期限の猶予，留置権，同時履行の抗弁権の主張等がある（「執行関係訴訟諸問題」39頁㈡，内田「執行関係訴訟理論と実務」19頁(1)，深沢＝園部「執行の実務(下)〔補訂〕」614頁㈣)。

2 責任の制限又は消滅事由

(1) 倒産手続上の免責

請求異議事由となる責任の制限又は消滅事由として，破産（破253条），民事再生（民再178条・235条（244条)），会社更生（会更204条）による免責を得たことがある（内田「執行関係訴訟理論と実務」19頁(ｱ)，深沢＝園部「執行の実務(下)〔補訂〕」614頁㈤)。

> 東京高決平26・2・25判タ1401号370頁・金法1995号110頁（債務者の免責許可決定確定による債務者の責任の消滅を理由として請求異議の訴えを提起することができる）

(2) 限定承認

ア　限定承認による相続財産の限度での給付判決と相続人の固有財産に対する強制執行

債務者の相続人に対する貸金等の請求訴訟において，相続人の限定承認の抗弁が認められ，「相続財産の限度において支払え。」との判決があったとき

は，相続人の固有財産に対して強制執行の申立てをすることはできなくなり，相続人は，その判決の責任財産となる相続財産以外の固有財産に関する限り第三者ということになり，第三者異議の訴え（民執38条）を提起してその執行を排除することができる（内田「執行関係訴訟理論と実務」20頁，深沢＝園部「執行の実務(下)〔補訂〕」214頁・215頁）。

イ　給付訴訟の口頭弁論終結前の限定承認と無留保の給付判決

相続人に対する給付訴訟手続の口頭弁論終結前に限定承認がなされたのに，無留保の給付判決がなされた場合，給付訴訟手続で限定承認を基礎づける事実が主張されているときは限定承認の不存在について裁判所の判断が示されていることになり，限定承認の不存在の判断についても既判力に準ずる効力が発生し，これを争うために請求異議訴訟を提起しても，異議事由には該当しないと解される（「執行関係訴訟諸問題」47頁(ロ)，内田「執行関係訴訟理論と実務」21頁）。

> 📖　最判昭49・4・26民集28巻3号503頁・判タ310号148頁・判時745号52頁（相続財産の限度で支払を命じた留保付判決が確定した後において，債権者が，当該訴訟の第2審口頭弁論終結時以前に存在した限定承認と相容れない事実を主張して，当該債権につき無留保の判決を得るため新たに訴えを提起することは許されないものと解すべきである。けだし，前訴の訴訟物は，直接には，給付請求権すなわち債権（相続債務）の存在及びその範囲であるが，限定承認の存在及び効力も，これに準ずるものとして審理判断されるのみならず，限定承認が認められたときは主文においてそのことが明示されるのであるから，限定承認の存在及び効力についての前訴の判断に関しては，既判力に準ずる効力があると考えるべきであるし，また民事訴訟法545条2項〔現民執35条2項〕によると，確定判決に対する請求異議の訴えは，異議を主張することを要する口頭弁論の終結後に生じた原因に基づいてのみ提起することができるとされているが，その法意は，権利関係の安定，訴訟経済及び訴訟上の信義則等の観点から，判決の基礎となる口頭弁論において主張することのできた事由に基づいて判決の効力を

> その確定後に左右することは許されないとすることにあると解すべきであり，当該趣旨に照らすと，債権者が前訴において主張することのできた前述の事由を主張して，前訴の確定判決の効力を争うことも同様に許されないものと考えられるからである。）

　同給付訴訟手続において限定承認を基礎づける事実が主張されておらず，それについて裁判所が何らの判断をしていないときは，無限定の給付判決がなされることになり，当該給付訴訟の訴訟物を債権の存在及びその範囲であると解すると，原告の利益主張及び被告の防御の範囲は当該訴訟物の範囲に限定され，責任財産の範囲に関する限定承認の事実は訴訟物の範囲外となり，無限定の給付判決確定後に限定承認したことを請求異議の事由として主張することはできると解されることになる（大判昭15・2・3民集19巻110頁）（「執行関係訴訟諸問題」45頁(a)・46頁(c)，深沢＝園部「執行の実務(下)〔補訂〕」215頁・623頁）。これについては，訴訟物の範囲，債務と責任の関係からではなく，既判力による遮断から，請求異議の訴えを否定する説がある（中野＝下村「民執法」233頁，内田「執行関係訴訟理論と実務」21頁・22頁）。

ウ　相続人に対する給付訴訟の口頭弁論終結後の限定承認

　相続人に対する給付訴訟の口頭弁論終結後に限定承認があった場合，給付訴訟において無留保の給付判決がなされてそれが確定した後に，限定承認による責任範囲を争うことは債務の内容について争っていることにならないので，請求異議事由になると解される（「注釈民執法2」413頁・414頁，「執行関係訴訟諸問題」45頁(ｲ)，内田「執行関係訴訟理論と実務」20頁）。

Ⅳ　債務名義に係る請求権の行使についての請求異議事由

1　信義則違背，権利の濫用

　特定の債務名義に基づく強制執行が信義則（民1条2項）に反し，あるいは

権利の濫用（民1条3項）として許されない場合には，債務者は請求異議の訴えをもってその債務名義の執行力の排除を求めることができることは，判例の認容するところである（最判昭37・5・24民集16巻5号1157頁・判時301号4頁，最判昭43・9・6民集22巻9号1862頁・判タ228号93頁・判時537号40頁，大阪地判昭56・8・7判タ454号91頁・判時1034号116頁）（菊井「強制執行法（総論）」229頁，「注釈民執法2」409頁・417頁（注32），中野「民執法〔増補新訂六版〕」246頁(b)，「執行関係訴訟諸問題」40頁(1)，伊藤ほか「担保・執行・倒産の現在」136頁，中野＝下村「民執法」230頁，内田「執行関係訴訟理論と実務」22頁(1)，深沢＝園部「執行の実務(下)〔補訂〕」618頁）。

> 📖 東京高判平17・11・30判タ1223号292頁・判時1935号61頁（名誉毀損に係る謝罪広告等掲示履行のための間接強制決定（不履行1日につき1万円）を得た債権者が，間接強制金の累積額（3484万円）につき強制執行をしたのに対し，間接強制は実現されるべき権利の内容を超過して間接強制金を累積させることを目的とするものではないとして，名誉毀損自体の慰謝料が200万円と評価されたことなどの事情を勘案し，180万円を超える部分の強制執行が権利濫用になり許されないとした。）

確定判決等の債務名義に基づく強制執行が権利濫用と認められるためには，債権者の権利行使自体に客観的，社会的に観察して，信義則に反し，相当非難に値する事情が認められる場合であることを要するものとされており（吉川大二郎「〔末川先生古稀記念(中)〕権利濫用」（有斐閣，1962）343頁），このような場合に当たるか否かは，当該権利関係の性質・内容，債務名義成立の経緯，執行に至った経緯その他諸般の具体的事情を総合して判断することになると解されている（中野「民執法〔増補新訂六版〕」246頁(ア)，中野＝下村「民執法」230頁）。

❷ 債務名義の不正取得

馴れ合い訴訟により詐取された確定判決に対し，請求異議の訴えにより，

第4節　請求異議事由について
第2　請求異議事由

　その既判力等の排除を求め得るかについては，確定判決により口頭弁論終結時を標準時として当事者間の権利関係を確定して権利関係の法的安定性を図る趣旨などから，最高裁はこれを原則的に否定している（最判昭40・12・21民集19巻9号2270頁・判タ187号112頁・判時435号3頁）（「執行関係訴訟諸問題」42頁(2)，内田「執行関係訴訟理論と実務」26頁・27頁，深沢＝園部「執行の実務〔下〕〔補訂〕」618頁・619頁）。

　ただ，実体的正当性のない債務名義の存在すること自体も，債務名義上債務者とされている者に対し，当該債務名義に基づく強制執行の可能性等の大きな負担を与えるものであり，再審事由が限定的なものになっている現行法の下においては，一定の要件を備えることにより，請求異議訴訟によってその執行力を排除することが認められると解することもできると思われる（内田「執行関係訴訟理論と実務」27頁，松村「執行・保全概論〔2版〕」55頁）。

　これについては，最高裁判例が，当事者間に確定判決が存在する場合に，その判決の成立過程における相手方の不法行為を理由として，その判決の既判力ある判断と実質的に矛盾する損害賠償請求をすることは，確定判決の既判力による法的安定性を著しく害する結果となるから，原則として許されるべきではなく，当事者の一方が，相手方の権利を害する意図の下に，作為又は不作為によって相手方が訴訟手続に関与することを妨げ，あるいは虚偽の事実を主張して裁判所を欺罔するなどの不正な行為を行い，その結果本来あり得べからざる内容の確定判決を取得し，かつ，これを執行したなど，その行為が著しく正義に反し，確定判決の既判力による法的安定性の要請を考慮してもなお容認し得ないような特別の事情がある場合に限って許されるものと解するのが相当であるとしている（最判平22・4・13集民234号31頁，最判昭44・7・8民集23巻8号1407頁・判タ239号145頁・判時565号55頁，最判平10・9・10判タ990号138頁・判時1661号81頁・集民189号743頁）。これを前提にすれば，当事者の一方が，相手方の権利を害する意図の下に，作為又は不作為によって相手方が訴訟手続に関与することを妨げたり，あるいは虚偽の事実を主張して裁判所を欺罔するなどの不正な行為を行い，その結果本来あり得べからざ

る内容の確定判決を取得し，その行為が著しく正義に反し，確定判決の既判力による法的安定性の要請を考慮してもなお容認し得ないような特別の事情がある場合には，当該債務名義の取得について請求異議の訴えによって争うことも許されるものと解することができると思われる（内田「執行関係訴訟理論と実務」27頁・28頁）。

❸ 不執行の合意

　強制執行を行う権利の放棄又は不執行の合意は，債権の効力のうち請求権の内容を強制執行手続で実現できる効力（強制執行力）を制限又は排除する法律行為と解されるので，これが存すればその債権を請求債権とする強制執行は実体法上不当なものとなるが，それは，実体法上，債権者に強制執行の申立てをしないという不作為義務を負わせるにとどまり，執行機関を直接拘束するものではないから，執行抗告の手続ではなく，請求異議の訴訟手続によって判断されるべきである。したがって，強制執行を受けた債務者が，その請求債権につき強制執行を行う権利の放棄又は不執行の合意があったことを主張して裁判所に強制執行の排除を求める場合には，執行抗告又は執行異議の方法によることはできず，請求異議の訴えによるべきものと解するのが相当である（最決平18・9・11民集60巻7号2622頁・判タ1225号205頁・判時1952号92頁）（中野＝下村「民執法」230頁(a)，内田「執行関係訴訟理論と実務」28～30頁，「執行関係訴訟諸問題」49頁(4)，深沢＝園部「執行の実務(下)〔補訂〕」617頁・618頁）。

　なお，給付訴訟の訴訟物は，直接的には，給付請求権の存在及びその範囲であるから，当該請求権に不執行の合意があって強制執行をすることができるものであるかどうかの点は，その審判の対象にならないというべきであり，この不執行の合意が，債務名義となる給付訴訟の弁論終結前になされていて，当該訴訟で不執行の合意を主張することなく，執行段階で主張して，請求異議の訴えを提起することができると解される（内田「執行関係訴訟理論と実務」31頁・32頁，深沢＝園部「執行の実務(下)〔補訂〕」618頁）。

第4節　請求異議事由について
第2　請求異議事由

> 📖 最判平5・11・11民集47巻9号5255頁・判タ888号134頁・判時1541号88頁（給付訴訟の訴訟物は，直接的には，給付請求権の存在及びその範囲であるから，当該請求権につき強制執行をしない旨の合意（以下「不執行の合意」という。）があっても強制執行をすることができないものであるかどうかの点は，その審判の対象にならないというべきであり，債務者は，強制執行の段階において不執行の合意を主張して強制執行の可否を争うことができると解される。しかし，給付訴訟において，その給付請求権について不執行の合意があって強制執行をすることができないものであることが主張された場合には，この点も訴訟物に準ずるものとして審判の対象になるというべきであり，裁判所が当該主張を認めて当該請求権に基づく強制執行をすることができないと判断したときは，執行段階における当事者間の紛争を未然に防止するため，当該請求権については強制執行をすることができないことを判決主文において明らかにするのが相当であると解される（最判昭49・4・26民集28巻3号503頁・判タ310号148頁・判時745号52頁参照））。

> ⇨ 中野＝下村「民執法」72頁は，不執行の合意を前訴給付訴訟の口頭弁論終結前でも口頭弁論終結後でも任意に主張できるというのは，給付訴訟と請求異議訴訟の無用な重複を強いる結果となり，著しく手続経済に反し，一般的な判決効の理論とも整合しないとする。

4　期限の利益喪失約款，無催告解除特約等

　和解調書等において，例えば，①債務者が約定の分割金の支払を怠ったときに期限の利益を失い，残額を直ちに支払う条項〔期限の利益喪失条項〕や，②債務者が賃料の支払を怠ったときは，債権者が催告をすることなく賃貸借契約を解除することができ，解除後は直ちに目的物件を明け渡すとの条項〔無催告解除特約〕が定められている場合に，債務者が，分割金の支払を怠ったことや賃料不払いによる解除の事実を争い，当該調書等に基づく執行力の排除を求めるには，執行文付与に対する異議の訴えによるべきではなく，

請求異議の訴えによるべきである（最判昭41・12・15民集20巻10号2089頁・判タ202号107頁・判時472号46頁（無催告解除特約事例），最判昭43・2・20民集22巻2号236頁・判タ219号83頁・判時512号45頁（無催告解除特約事例））（内田「執行関係訴訟理論と実務」32頁(4)，「執行関係訴訟諸問題」51頁(2)・(4)，深沢＝園部「執行の実務(下)〔補訂〕」620頁(五)）。

5　債務名義の執行債権の差押え・仮差押え

執行債権者が，同人の債権者から債務名義の執行債権について差押え又は仮差押えの執行を受けたときに，執行債務者（第三債務者）がこれを請求異議の異議事由とし得るかが問題となる。これについては，執行手続における執行異議又は執行抗告によることができ，請求異議事由には該当しないと解される（最判昭48・3・13民集27巻2号344頁・判タ292号248頁・判時701号69頁）（「執行関係訴訟諸問題」52頁(五)）。

V　裁判以外の債務名義の成立についての異議事由

1　裁判以外の債務名義における債務名義成立に関する異議事由

裁判以外の債務名義（執行証書，和解調書，調停調書，請求認諾調書，仮執行宣言付支払督促，破産債権表（破124条3項・221条1項）等）については，債務名義成立に関する瑕疵も異議事由とすることができる（民執35条1項後段）（内田「執行関係訴訟理論と実務」34頁，深沢＝園部「執行の実務(下)〔補訂〕」614頁）。

2　執行証書成立の瑕疵

(1)　執行証書の執行受諾の意思表示の瑕疵

執行証書の執行受諾の意思表示（民執22条5号）は，国家機関である公証人に対する申述であり，執行力の付与という執行法上の効果をもたらすものであり，単なる私法上の行為にとどまらず，公証人に対する単独の訴訟行為

としての効果を有すると解される（深沢＝園部「執行の実務(下)〔補訂〕」247頁・248頁）。一般に訴訟行為に関しては，民法の意思の不存在その他の意思表示の瑕疵に関する規定の適用はないとされているが，執行受諾の意思表示は，訴訟行為ではあるが，訴訟手続を組成する一連の訴訟行為の一環として行われるものではなく，私人が，任意に訴訟外において，債務名義を形成するために公証人に対し直ちに強制執行に服する旨の意思を表示する一方的行為であるから，その意思表示に対して民法の意思表示の瑕疵に関する規定を適用することは妨げないものと解すべきである。そして，その意思表示に要素の錯誤があるときは，執行受諾の意思表示をした者に重大な過失のない限り，その効力を生じないものと解され，執行受諾の意思表示に錯誤があったことを異議事由として請求異議の訴えを提起することはできると解される（内田「執行関係訴訟理論と実務」36頁・37頁，「執行関係訴訟諸問題」58頁・59頁，深沢＝園部「執行の実務(下)〔補訂〕」615頁(2)）。

> 最判昭44・9・18民集23巻9号1675頁・判タ242号159頁・判時573号53頁（公正証書（執行証書）の執行受諾の意思表示に要素の錯誤があるときは，民法95条が適用されるが，本件受諾の意思表示の錯誤は重大な過失に基づくものであるから，受諾の意思表示の無効を主張し得ないとして，上告を棄却し，執行証書に対する請求異議の理由なしとした原判決を維持した。）

(2) 執行証書の執行受諾の意思表示と表見代理

執行証書における執行受諾の意思表示が無権代理人によってなされた場合，当該意思表示の効果は債務者に帰属しないことになるが，民法上の表見代理（民109条・110条）により効果が帰属すると解されるであろうか。これは，無権代理という異議事由に対して，請求異議の訴えの被告である債権者から表見代理の抗弁を提出することができるかの問題である。

これについては，判例は，執行受諾行為は公証人に対する訴訟行為であるとして，表見代理に関する規定は，執行受諾の意思表示には適用されないと

する適用否定説で一貫している（最判昭32・6・6民集11巻7号1177頁・判タ76号24頁）（内田「執行関係訴訟理論と実務」37頁・38頁，深沢＝園部「執行の実務(下)〔補訂〕」250頁・251頁）。これについては，表見代理の規定の適用を肯定する適用肯定説もある（内田「執行関係訴訟理論と実務」38頁，深沢＝園部「執行の実務(下)〔補訂〕」250頁 a）。

❸ 〈和解調書，調停調書〉等の成立の瑕疵

和解調書や調停調書，給付訴訟での認諾調書が適法に成立すれば，執行力が発生し，それらに実体的な無効事由があっても，それらの調書自体の執行力を排除するためには，請求異議の訴えを提起する必要がある（「執行関係訴訟諸問題」60頁・61頁）。そのような異議事由として，訴訟代理権の欠缺（大判昭3・3・7民集7巻98頁，大判昭14・8・12民集18巻903頁），虚偽表示（民94条）（東京高判昭38・12・19東高民時報14巻12号326頁），錯誤（民95条）（大判昭10・9・3民集14巻1886頁，最判昭28・5・7民集7巻5号510頁・判タ31号61頁）による無効，詐欺による取消し（東京高判昭38・12・19東高民時報14巻12号326頁）等がある（内田「執行関係訴訟理論と実務」39頁・40頁，深沢＝園部「執行の実務(下)〔補訂〕」615頁(6)・(7)・616頁(8)）。

なお，和解等無効の主張は，和解無効の訴えや和解が成立した事件についての期日指定の申立てによっても可能である。

第3 請求異議事由の制限

Ⅰ 確定判決の異議事由の時的制限

❶ 確定判決の既判力による異議事由の制限

既判力を伴わない債務名義に対しては，債務名義成立前に存した事由も請求異議の訴えにより主張することができるが，確定判決についての異議事由

は，既判力の効果により，その標準時（事実審の口頭弁論終結時）前に存した事由を請求異議の訴えで主張することはできず，標準時後である事実審の口頭弁論終結時後に生じた事由でなければ請求異議事由とすることができない（民執35条2項）(「執行関係訴訟諸問題」73頁，中野＝下村「民執法」232頁，内田「執行関係訴訟理論と実務」40頁第5，深沢＝園部「執行の実務(下)〔補訂〕」620頁(一))。

❷ 法律行為の取消し

最高裁は，書面によらない贈与を請求原因とする訴訟が係属した場合に当事者が民法旧550条による取消権を行使することなくして事実審の口頭弁論が終結し，当該贈与による権利移転を認める判決があり同判決が確定したときは，既判力の効果として当該取消権を行使して贈与による権利の存否を争うことは許されなくなるものと解されると判示した（最判昭36・12・12民集15巻11号2778頁）。そして，最高裁は，売買契約による所有権移転を原因とする所有権確認訴訟が係属した場合，当事者が当該売買契約の詐欺による取消権を行使することができたのにこれを行使しないで事実審の口頭弁論が終結され，当該売買契約による所有権移転を求める請求認容の判決があり，同判決が確定したときは，もはやその後の訴訟において当該取消権を行使して当該売買契約により移転した所有権の存否を争うことは許されなくなるものと解するのが相当であると判示した（最判昭55・10・23民集34巻5号747頁・判タ427号77頁・判時983号73頁）。最高裁は，前訴基準時前に存在していた取消原因に基づいた，後訴における取消権の行使を認めておらず，請求異議の訴えにおいても，同様の異議事由の主張は主張自体失当となると解される（「執行関係訴訟諸問題」76頁2，内田「執行関係訴訟理論と実務」40頁1，深沢＝園部「執行の実務(下)〔補訂〕」622頁）。

❸ 契約の解除

契約の解除権の行使に関しても，上記❷の取消権の行使と同様に，例えば，原告の給付請求についての認容判決後，既判力の基準時前から発生していた

解除原因に基づいて解除権を行使して，これを異議事由として請求異議の訴えを提起することは許されないと解される。したがって，債務名義となる訴訟の基準時前に存在していた解除原因に基づいて，後の請求異議訴訟で解除権を行使し，これを異議事由とすることは，主張自体失当となると解される（「執行関係訴訟諸問題」79頁3，中野＝下村「民執法」233頁，内田「執行関係訴訟理論と実務」41頁2，深沢＝園部「執行の実務(下)〔補訂〕」622頁(2)）。

4 相殺権の行使

前訴の口頭弁論終結前に相殺適状にありながら，当該前訴で相殺の意思表示をせず，当該口頭弁論終結後に相殺の意思表示をして，債務消滅を原因として請求異議訴訟を提起して異議事由を主張することは許されるとされる（最判昭40・4・2民集19巻3号539頁・判タ178号101頁・判時414号25頁）。相殺は，債務者の自己の債権を消滅させるという不利益を伴い，反対債権をどのように行使するかは債務者の自由であるから，そのように解することができる（「執行関係訴訟諸問題」80頁5，中野＝下村「民執法」233頁・234頁・241頁(9)，内田「執行関係訴訟理論と実務」42頁3，深沢＝園部「執行の実務(下)〔補訂〕」622頁(3)）。

5 建物買取請求権の行使

借地上の建物を所有する土地の賃借人が，賃貸人から提起された建物収去土地明渡請求訴訟の事実審口頭弁論終結時までに建物買取請求権（借地借家13条）を行使しないまま，賃貸人の請求を認容する判決がされ，同判決が確定した場合であっても，賃借人は，その後に建物買取請求権を行使したうえで，賃貸人に対して当該確定判決による強制執行の不許を求める請求異議の訴えを提起し，建物買取請求権行使の効果を異議事由として主張することができると解されている（最判平7・12・15民集49巻10号3051頁・判タ897号247頁・判時1553号86頁）（「執行関係訴訟諸問題」81頁㈠，中野＝下村「民執法」233頁・234頁・241頁(9)，内田「執行関係訴訟理論と実務」44頁，深沢＝園部「執行の実務(下)〔補訂〕」624頁Ⓐ）。

建物引渡しによる土地明渡しは，建物収去土地明渡請求の内容に含まれると解することは可能であり，建物収去土地明渡しを命ずる判決確定後に建物買取請求権が行使された場合，前訴の債務名義は建物収去を命ずる限度で執行力を失うが，建物退去土地明渡しの範囲では，なお執行力を保持すると解することができる（福岡高判平7・12・5判タ901号263頁・判時1569号68頁）（「執行関係訴訟諸問題」82頁㈡，内田「執行関係訴訟理論と実務」45頁，深沢＝薗部「執行の実務(下)〔補訂〕」624頁Ⓑ）。

Ⅱ 〈仮執行宣言付の判決・損害賠償命令・届出債権支払命令・支払督促における確定前の請求異議訴訟〉における異議事由の主張

仮執行宣言付判決（民執22条2号），刑事訴訟手続に伴う犯罪被害者等の損害賠償請求における仮執行宣言付損害賠償命令（犯罪被害保護32条，民執22条3号の2），消費者の事業者に対する金銭支払請求についての共通義務訴訟の判決に基づく債権を決定した仮執行宣言付届出債権支払命令（消費者裁判手続44条，民執22条3号の3）及び仮執行宣言付支払督促（民執22条4号）については，確定前に請求異議の訴えを提起して異議事由を主張することはできない（民執35条1項前段括弧書）。それぞれ，確定前には，控訴・上告（民訴281条・285条・311条・313条（仮執行宣言付判決））又は異議（民訴357条・367条（仮執行宣言付手形判決・小切手判決），民訴378条（仮執行宣言付少額訴訟判決），犯罪被害保護33条（仮執行宣言付損害賠償命令），消費者裁判手続46条（仮執行宣言付届出債権支払命令），民訴393条・395条（仮執行宣言付支払督促））により債務名義上の請求権の存在や内容を争うことができるからである（深沢＝薗部「執行の実務(下)〔補訂〕」604頁3）。

Ⅲ　請求異議訴訟と和解等無効確認訴訟又は和解調書無効を理由とする期日指定の申立て

　請求異議の訴えと和解無効確認の訴えが提起された場合，請求異議の訴えについて形成訴訟説に立脚する限り，訴訟物を異にするので，二重起訴の問題は生じない（「執行関係訴訟諸問題」114頁，内田「執行関係訴訟理論と実務」53頁（和解の合意形成過程に瑕疵がある場合などは，両者の争点が共通することになるから，実務の運用として，併合審理を原則とすべきであるとする。））。訴訟上の和解について要素の錯誤があったなどとして，請求異議の訴えと期日指定の申立てがあった場合も，請求異議の訴えについて形成訴訟説に立脚する限り，訴訟物を異にするので，二重起訴の問題は生じない（「執行関係訴訟諸問題」114頁）。

　∞① 「執行関係訴訟諸問題」114頁は，請求異議訴訟係属中に和解無効確認の訴えが提起された場合には，債務名義上の給付請求権について既判力ある確認判決を得ておく利益があるので，訴えの利益は肯定されるが，和解無効確認の訴えが係属中に請求異議の訴えが提起された場合には，和解無効確認の訴えの提起によって執行を停止することも，和解無効を宣言する確定判決によって執行を停止することもできる（民執39条1項2号・40条1項）ので，請求異議の訴えの利益は否定されるとする。

　② 深沢＝園部「執行の実務(下)〔補訂〕」605頁4・5は，「訴訟上の和解が成立した後に，債務者が和解無効を理由として，当該訴訟において口頭弁論期日指定の申立てをした場合，受訴裁判所による期日指定申立ての却下ないし訴訟終了宣言がない限り，当該和解無効を理由とする請求異議の訴えは却下される。債務者は，期日指定申立てに付随して民事訴訟法403条の類推適用により，和解無効を理由とした期日指定の申立てに基づく強制執行停止等の仮の処分を求めることができると解されており（仙台高決昭31・2・23高民集9巻2号62頁），請求異議の訴え提起に伴う執行停止の裁判（民執36条）を求めることなく，執行の阻止をすることができる。」とし，「債務名義である和解調書又

は調停調書につき，和解・調停の無効確認訴訟が提起された場合も，その訴え提起に伴う執行停止の仮の処分を求めることができると解されている（名古屋高決昭33・1・11高民集11巻1号1頁）ので，請求異議の訴えを提起することなく執行停止の目的を達することができ，同様に解することができる。」とする（中野＝下村「民執法」218頁＊1も同旨）。

Ⅳ 請求異議訴訟と債務不存在確認訴訟

請求異議の訴えと当該債務名義に表示された請求権の不存在確認の訴えが提起された場合，請求異議の訴えについて形成訴訟説に立つ限り，訴訟物を異にすることになるので，二重起訴の問題は生じない（「執行関係訴訟諸問題」113頁，内田「執行関係訴訟理論と実務」53頁（両訴訟が並行することによる審理の重複や矛盾判断を回避する必要があるから，実務の運用として併合審理を原則とすべきであるとする。））。

Ⅴ 請求異議訴訟と不当利得返還請求訴訟等

民事執行法36条に規定する執行停止の裁判を求めていなかったために，請求異議の訴えの係属中に，対象債務名義に基づく執行により債権者が債権全額の満足を受けたときは，訴訟を不当利得返還請求訴訟等に変更する必要がある。この場合，訴え変更の要件である請求の基礎に変更はない（民訴143条1項）ものと解される（「執行関係訴訟諸問題」120頁，内田「執行関係訴訟理論と実務」54頁，中野＝下村「民執法」249頁）。

第5節　請求異議の訴えの訴訟手続

第1　請求異議の訴えの管轄

　請求異議の訴えの管轄は，債務名義の種類により，以下のとおりとなる（民執35条3項（33条2項））。

① 　確定判決（民執22条1号），仮執行宣言付判決（民執22条2号），抗告によらなければ不服申立てをすることができない裁判（民執22条3号），確定した執行判決のある外国裁判所の判決（民執22条6号），確定した執行決定のある仲裁判断（民執22条6号の2），確定判決と同一の効力を有するもの（民執22条7号）（下記②，③及び⑧に掲げるものを除く）（上級裁判所で成立した和解及び調停の調書等）

　→第1審裁判所（民執35条3項（33条2項1号））

② 　仮執行宣言付損害賠償命令（刑事裁判での被害者の刑事被告人に対する民事上の損害賠償を求める訴え（犯罪被害保護23条）における，損害賠償命令の裁判に仮執行宣言が付されたもの（犯罪被害保護32条2項））（民執22条3号の2），当該損害賠償命令事件に関する和解及び請求認諾調書（民執22条7号）

　→損害賠償命令事件が係属していた地方裁判所（民執35条3項（33条2項1号の2））

③ 　仮執行宣言付届出債権支払命令（消費者裁判手続44条4項，民執22条3号の3）並びに確定判決と同一の効力を有する適法な異議申立てのない届出債権支払命令（消費者裁判手続46条6項）並びに簡易確定手続における届出債権の認否を記載した届出消費者表（消費者裁判手続42条5項）及び和解調書

第5節　請求異議の訴えの訴訟手続
　　第1　請求異議の訴えの管轄

(消費者裁判手続50条（民訴267条））（民執22条7号）
→簡易確定手続が係属していた地方裁判所（民執35条3項（33条2項1号の3）（平成25年法律第96号改正—平成28年10月1日施行）（平成27年政令第372号））

④　仮執行宣言付支払督促（民執22条4号）（オンラインによる支払督促の申立てによるもの（民訴132条の10第1項本文）（下記⑤）を除く）
→仮執行宣言付支払督促を発した裁判所書記官の所属する簡易裁判所（仮執行宣言付支払督促の請求が簡易裁判所の管轄に属しないものであるときは，その簡易裁判所の所在地を管轄する地方裁判所）（民執35条3項（33条2項2号））

⑤　オンラインによる支払督促申立て（民訴132条の10第1項本文）による仮執行宣言付支払督促（民執22条4号）
→当該支払督促の申立てについて民事訴訟法398条の規定により訴えの提起があったものとみなされる裁判所（民執35条3項（33条2項3号））

⑥　訴訟費用，和解費用もしくは非訟事件もしくは家事事件の手続の費用の負担の額を定める裁判所書記官の処分又は民事執行法42条4項に規定する執行費用及び返還するべき金銭の額を定める裁判所書記官の処分（民執22条4号の2）
→当該処分をした裁判所書記官の所属する裁判所（民執35条3項（33条2項4号））

⑦　執行証書（民執22条5号）
→債務者の普通裁判籍の所在地を管轄する裁判所（この普通裁判籍がないときは，請求の目的又は差し押さえることができる債務者の財産の所在地を管轄する裁判所）（民執35条3項（33条2項5号））

⑧　上級裁判所で成立したものを除く和解もしくは調停の調書又は労働審判に係るもの（民執22条7号）
→和解もしくは調停が成立した簡易裁判所，地方裁判所もしくは家庭裁判所（簡易裁判所において成立した和解又は調停に係る請求が簡易裁判所の管轄に属さないものであるときは，その簡易裁判所の所在地を管轄する地方裁判所）又は労働審判が行われた際に労働審判事件が係属していた地方裁判所（民執35

条3項（33条2項6号））

第2　請求異議の訴えの訴訟物の価額

　訴訟物の価額は，訴えで主張する利益によって算定する（民訴8条1項）。請求異議の訴えの訴訟物の価額〔訴額〕は，執行力の排除を求める債務名義に表示された請求権の価額（元本を基準として，利息・損害金等の附帯請求は算入しない。）によって算定される（「執行関係訴訟諸問題」104頁，内田「執行関係訴訟理論と実務」52頁，深沢＝園部「執行の実務(下)〔補訂〕」636頁）。債務名義に表示された請求権が特定物の引渡し・明渡しの場合は，所有権に基づく物の引渡し・明渡しであれば，目的物の価格の2分の1が請求権の価額となる（昭31・12・12民事甲第412号最高裁民事局長通知「訴訟物の価額の算定基準について」7(1)）（「注解民執法(1)」618頁注（198），「執行関係訴訟諸問題」104頁）。

　債務名義の執行力を一時的に停止させてその間の執行の排除を求める場合，訴えで主張する利益は，延期された期間中，債務名義に表示された債権額相当の金銭又は執行目的物の利用をすることができることにあるので，前者の場合は約定又は法定の利息により，後者については約定又は相当賃料額によって算定すべきである（「執行関係訴訟諸問題」104頁，内田「執行関係訴訟理論と実務」52頁）。

　具体的執行の不許を求める請求異議の訴えの場合，訴訟物の価額は，現に執行を受けた目的物の価額によることになる（「執行関係訴訟諸問題」104頁2）。

第3　請求異議の訴えの当事者適格

I　請求異議の訴えの原告適格

　請求異議の訴えは，債務名義の執行力の排除を目的とする訴えであるから，原告適格を有する者は，債務名義に表示されている債務者又はその債務の承

継その他の原因に基づいて債務名義の執行力を受ける者である。この場合，当該承継人に対し承継執行文が付与されているか否かは関係がない。これらの原告適格を有する者の債権者は，債権者代位権（民423条）に基づき請求異議の訴えを提起することができる（「執行関係訴訟諸問題」105頁㈠，内田「執行関係訴訟理論と実務」52頁(1)，深沢＝園部「執行の実務(下)〔補訂〕」638頁・639頁）。

Ⅱ 請求異議の訴えの被告適格

請求異議の訴えの被告適格を有する者は，債務名義に表示されている債権者又はその承継人その他の債務名義の執行力を自己のために受ける者である。この場合，当該承継人に対し承継執行文が付与されているか否かは関係がない。債務名義に表示された請求権が第三者に譲渡された後であっても，原債権者においてその債務名義を利用することは可能であるから，原債権者を被告として請求異議の訴えを提起することができる（「執行関係訴訟諸問題」105頁㈡，内田「執行関係訴訟理論と実務」53頁(2)，深沢＝園部「執行の実務(下)〔補訂〕」639頁）。

第4 請求異議の訴えの訴訟代理権

訴訟代理人であった者は，その訴訟で成立した債務名義により強制執行に関して同一の本人が当事者となる訴訟についても，その本人の訴訟代理権を有するとする見解がある。しかし，強制執行に関する訴訟行為が受任事件の訴訟代理権の範囲に含まれるのは，受任事件の訴訟代理権の存続を前提としており，その射程は訴訟終了後の関係には及ばず，審級代理の原則（民訴55条2項3号）をとり，弁護士強制をとらない立法主義の下では，請求異議の訴えその他の執行関係訴訟の提起・応訴につき，新たに訴訟代理権の授与を要するのが原則と解すべきであるとする説もある（中野＝下村「民執法」245頁・246頁）。実務の取扱いとしては，請求異議の訴え提起においては，訴訟代理権の授与をさせ，委任状を提出させるのが相当であると思われ，そのように

取り扱われていると思われる（「執行関係訴訟諸問題」106頁五，深沢＝園部「執行の実務(下)〔補訂〕」639頁5）。

第5　請求異議訴訟における執行停止等の仮の処分

Ⅰ　請求異議訴訟における執行停止等の仮の処分の意義・内容

　請求異議の訴えが提起されても，債務名義に基づく強制執行手続は停止されないため，請求異議の訴え係属中に強制執行が終了してしまうことがある。このような事態を避けるために，執行停止等の仮の処分が認められている（民執36条）。この執行停止等の仮処分の内容としては，①立担保又は無担保による強制執行の停止命令，②立担保による強制執行の続行命令，③立担保による既にした執行処分の取消しがある。

　なお，民事保全法上の一般の仮処分による執行停止は認められない（最判昭26・4・3民集5巻5号207頁・判タ12号65頁）（中野＝下村「民執法」247頁）。

Ⅱ　請求異議訴訟における執行停止等の仮の処分の要件

1　請求異議訴訟の受訴裁判所等による仮の処分

　請求異議訴訟における執行停止等の仮の処分をするためには，①請求異議の訴えの提起があったこと，②異議のために主張した事情が法律上理由があるとみえること，③事実上の点について疎明があったことが必要となる（民執36条1項）。執行停止等の仮の処分は，受訴裁判所に対する申立てがあったときにするのが原則であるが，急迫の事情があるときは，裁判長もすることができる（民執36条1項）。

第5節　請求異議の訴えの訴訟手続
第5　請求異議訴訟における執行停止等の仮の処分

■1-1　請求異議の訴え提起に伴う強制執行停止決定申立書

強制執行停止決定申立書

収入印紙
500円

平成○年○月○日

○○地方裁判所第○民事部　御中

申立人代理人弁護士　　○　○　○　○　㊞

当事者の表示　　別紙当事者目録記載のとおり

申　立　て　の　趣　旨

　申立人・相手方間の○○地方裁判所平成○年（ワ）第○○○号……請求事件の執行力ある判決正本に基づく別紙物件目録記載の物件に対する強制執行は，御庁平成○年（ワ）第○○○号請求異議事件の判決において強制執行停止決定に対する裁判があるまで，これを停止する。
との決定を求める。

申　立　て　の　理　由

1　相手方は，申立人・相手方間の○○地方裁判所平成○年（ワ）第○○○号……請求事件の執行力ある判決正本に基づき，平成○年○月○日○○地方裁判所執行官に申立てをして，申立人所有の別紙物件目録記載の物件に対し差押執行をした。
2　申立人は，平成○年○月○日相手方に対し申立人代理人○○○○を通じて1の債務名義である判決に表示された債権全額を弁済した。
3　よって，申立人は御庁に対し請求異議の訴えを提起したが，当該裁判の結果を待っていては執行が完了するおそれがあるので，強制執行の停止をされるよう申立てをする。

　　　疎　明　資　料
1　判決正本　　　1通
2　領収書　　　　1通

```
              当 事 者 目 録

〒000-0000　○○県○○市○○町○丁目○番○号
            申　　立　　人　　○　○　○　○
            同申立人代理人弁護士　○　○　○　○
〒000-0000　○○県○○市○○町○丁目○番○号
            相　　手　　方　　○　○　○　○
```

❷ 執行裁判所による請求異議の訴えに伴う仮の処分

　また，前記❶の①から③の要件を満たし，急迫の事情があるときは，執行裁判所も，申立てにより，この仮の処分をすることができる（民執36条3項前段）。この執行裁判所による仮の処分の裁判は，請求異議の訴え提起前においてもすることができる（民執36条3項後段）。この場合，執行裁判所は，受訴裁判所による仮の処分の裁判を得てその正本を提出する期間を定めなければならず，この期間が経過したとき，又はその期間内に受訴裁判所による仮の処分の裁判の正本が執行機関に提出されたときは，執行裁判所による仮の処分は失効する（民執36条3項）。

Ⅲ　請求異議訴訟における執行停止等の仮の処分の審理

　請求異議訴訟における執行停止等の仮の処分の申立てについての裁判は，口頭弁論を経ないですることができる（民執36条3項）。この裁判に対しては，不服申立てをすることができない（民執36条5項）。

第5節　請求異議の訴えの訴訟手続
第5　請求異議訴訟における執行停止等の仮の処分

■ 1-2　請求異議の訴え提起に伴う強制執行停止決定

平成○年（モ）第○○○号

　　　　　　　　　強制執行停止決定

　　当事者の表示　　別紙当事者目録記載のとおり

　申立人は，相手方から申立人に対する○○地方裁判所平成○年（ワ）第○○○号……請求事件判決に基づく強制執行について，請求異議の訴えを提起し，かつ，その執行停止を申し立てた。当裁判所は，その申立てを理由があるものと認め，申立人に○○万円の担保（○○地方法務局平成○年度金第○○○○号）を立てさせて，次のとおり決定する。

　　　　　　　　　　　　主　　文
　相手方から申立人に対する○○地方裁判所平成○年（ワ）第○○○号……請求事件判決に基づく強制執行は，御庁平成○年（ワ）第○○○号請求異議事件の判決において強制執行停止決定に対する裁判があるまで[注]，停止する。
平成○年○月○日
　　　○○地方裁判所第○民事部
　　　　　　　　裁判官　　○　　　○　　　○　　　○㊞

（注）「注釈民執法2」457頁，「執行関係訴訟諸問題」110頁は，「……民事執行法37条の規定による裁判をするに至るまで……」とする。

　この仮処分は，請求異議の訴えの判決において認可，変更又は取消しの裁判がなされるまでは失効しないので，請求異議の訴えの判決において，この仮処分について認可，変更又は取消しの裁判をしなかった場合は，受訴裁判所の裁判の脱漏として，民事執行法37条1項の裁判をするまで依然としてその仮処分は効力を有することになる（「執行関係訴訟諸問題」111頁）。

Ⅳ 請求異議訴訟における執行停止等の仮の処分の執行機関への提出

　請求異議訴訟における執行停止等の仮の処分を受けた申立人は，その裁判の正本を執行機関に提出して，強制執行の停止又は取消し等を求めることになる（民執39条15項6号・7号・40条1項）。執行機関への提出がなければ，強制執行は停止されない。

第6　請求異議の訴え提起

Ⅰ　請求異議の訴え提起の時期

　請求異議の訴えは，債務名義の執行力を排除することを目的とするものであるから，債務名義が成立した後であればいつでも提起できる。執行文付与前や強制執行着手前でも提起することができる（最判昭26・4・3民集5巻5号207頁・判タ12号65頁）。債務名義に基づく強制執行が全部完結して債権者が債務名義表示の請求権全部の満足を得た後は，請求異議の訴えは，その目的を欠くことになり，提起することは許されない（「執行関係訴訟諸問題」107頁1，中野＝下村「民執法」246頁(1)，内田「執行関係訴訟理論と実務」51頁2，深沢＝園部「執行の実務(下)〔補訂〕」634頁）。

　請求異議の訴え係属中に強制執行が完了したときは，請求の基礎に変更がないとして，請求異議の訴えを不当利得返還請求や不法行為による損害賠償請求に訴えを変更することができる（中野＝下村「民執法」246頁，深沢＝園部「執行の実務(下)〔補訂〕」634頁）。

Ⅱ　請求異議の訴えの請求の趣旨

第5節　請求異議の訴えの訴訟手続
第6　請求異議の訴え提起

　請求異議の訴えの請求の趣旨は，「被告から原告に対する，○○地方裁判所平成○年（ワ）第○○○号……請求事件の判決に基づく強制執行は，これを許さない。」（執行力の全部消滅），「被告から原告に対する，○○簡易裁判所平成○年（ハ）第○○○号……請求事件の和解調書第○項に基づく強制執行は，平成○年○月○日までこれを許さない。」（執行力の一時的制限）等となる（「執行関係訴訟諸問題」107頁・128頁1，内田「執行関係訴訟理論と実務」46頁）。具体的執行の不許を求める場合は，「被告から原告に対する○○地方法務局所属公証人○○○○作成平成○年第○○○号の執行文を付した金銭消費貸借公正証書に基づき平成○年○月○日別紙物件目録記載の物件に対してした強制執行は，これを許さない。」等となる（「執行関係訴訟諸問題」107頁・129頁(2)・214頁1，深沢＝園部「執行の実務〔下〕〔補訂〕」640頁6）。

Ⅲ　請求異議の訴えの請求の原因

1　請求異議の訴えにおける債務名義が判決の場合の請求原因

　判決が債務名義の場合の請求異議の訴えの請求の原因は，以下のとおりである（「執行関係訴訟諸問題」108頁(1)・116頁(六)・131頁1，内田「執行関係訴訟理論と実務」47頁）。
① 　執行力排除の対象判決の存在
② 　①に記載されている給付請求権の消滅あるいは減縮原因となる具体的事実
③ 　②の消滅等の原因が口頭弁論終結時後に発生したこと

2　請求異議の訴えにおける債務名義が判決以外の場合の請求原因

　請求異議の訴えの対象債務名義が判決以外の場合の請求の原因としては，
① 　執行力排除の対象となる債務名義の存在
のみを主張すれば足りる（「執行関係訴訟諸問題」108頁(2)・116頁(1)（115頁(三)）・

131頁㈠，内田「執行関係訴訟理論と実務」48頁）。

1-3 請求異議の訴えの請求の趣旨及び原因記載例
① 和解調書についての請求異議の訴えの場合

請求の趣旨

1　被告から原告に対する○○地方裁判所平成○年（ワ）第○○○号……請求事件の和解調書第○項に基づく強制執行は，これを許さない。
2　訴訟費用は被告の負担とする。
との裁判を求める。

請求の原因

1　債務名義の存在
　(1)　被告の原告に対する債務名義として○○地方裁判所平成○年（ワ）第○○○号……請求事件において平成○年○月○日に成立した和解調書がある。
　(2)　上記和解調書の和解条項には，次の記載がある。
　　第○項　被告（本件原告）は，原告（本件被告）に対し，……債務として500万円の支払義務があることを認める。
　　第○項　被告（本件原告）は，原告（本件被告）に対し，前項の金員を平成○年○月から平成○年○月まで毎月末日限り○万円ずつ分割して支払う。
2　請求異議事由
　上記1(2)の請求権は，平成○年○月○日の弁済によって全額消滅した。
3　結　論
　よって，原告は，上記債務名義に基づく強制執行の不許を求める。

第5節　請求異議の訴えの訴訟手続
第6　請求異議の訴え提起

② **執行証書についての請求異議の訴えの場合**

請求の趣旨

1　被告から原告に対する○○地方法務局公証人○○○○作成平成○年第○○○号……契約公正証書に基づく強制執行は，これを許さない。
2　訴訟費用は被告の負担とする。
との裁判を求める。

請求の原因

1　債務名義の存在
（1）　原告と被告との間には，債務名義として○○地方法務局公証人○○○○作成平成○年第○○○号……契約公正証書（以下「本件公正証書」という。）が存在する。
（2）　本件公正証書には，原告が被告に対し，……債務として500万円を負担していることを確認し，当該元金及びこれに対する平成○年○月○日から支払済みまで年○％の割合による金員を支払うこと，原告が上記支払を怠ったときは直ちに強制執行を受けることを認める旨の記載がある。
2　被告から予想される主張に対する反論
　　被告からは，本件公正証書が，適法な作成嘱託により作成されたとの主張が予想される。しかし，原告は，本件公正証書の作成嘱託や強制執行を受諾する旨の意思表示をすることについて代理権を与えた事実はない。被告からは，本件訴訟前に，原告作成と称する委任状を示されたことがあるが，委任状の原告の署名は原告によるものではなく，印鑑は原告の実印に似てはいるが，原告の実印ではなく，原告が押印したものでもない。
3　結　論
　　よって，本件公正証書作成過程には瑕疵があるから，その執行力を排除するために，本訴訟を提起する。

第7 請求異議の訴えにおける当事者の主張立証

Ⅰ 債務名義が判決の場合

1 原告の請求原因事実の主張立証

　原告債務者は，請求原因事実である①執行力排除の対象判決の存在，②①に記載されている給付請求権の消滅あるいは減縮原因となる具体的事実，③②の消滅等の原因が口頭弁論終結時後に発生したこと（前記**第6Ⅲ1**（35頁）参照），を主張立証することになる。

2 被告の抗弁事実の主張立証

　債務名義が判決の場合の被告債権者の抗弁としては，請求原因において，給付請求権の消滅等の原因として権利濫用ないし信義則違反が主張された場合に，それを基礎づける具体的事実が要件事実になると解すると，当該権利濫用等の評価を妨げる事実〔評価障害事実〕が抗弁となる（内田「執行関係訴訟理論と実務」47頁）。

Ⅱ 債務名義が判決以外の場合

1 原告の請求原因事実の主張立証

　原告債務者は，請求原因事実である，①執行力排除の対象となる債務名義の存在（前記**第6Ⅲ2**（35頁）参照）を主張立証することになる。

2 被告の抗弁事実の主張立証

　債務名義が判決以外の場合の請求異議訴訟の請求原因に対し，被告債権者

は，対象債務名義が適法に成立していることを抗弁として主張することになる。その要件事実は，以下のとおりとなる（内田「執行関係訴訟理論と実務」49頁(3)，「執行関係訴訟諸問題」131頁(二)）。
① 対象債務名義に記載された給付請求権の発生原因事実
② 対象債務名義の適法な成立を根拠づける事実

> ☞ 執行証書（公正証書）に対する請求異議において，作成嘱託に関する代理権授与の存否が争われた場合，書証として原告（債務者）名の委任状が提出されることになるが，原告からそれを偽造文書として提出されたときは，その存在を証拠として提出するものであり，その証拠調べは検証としての性質を有することになる。ただ，委任状については，文書の意味内容自体が証拠資料となる書証としての意味も有しており，被告（債権者）が当該委任状を真正文書であるとの認否をしたときは，被告から真正文書として提出してもらい，それに対して原告が認否を行うことが，請求異議訴訟での主張立証責任の分配（被告（債権者）が債務の成立についての立証責任を負う。）にも合致し，分かりやすいと思われる（内田「執行関係訴訟理論と実務」69頁・70頁，近藤「執行関係訴訟」348頁(四)）。

3　原告の再抗弁事実の主張立証

債務名義が判決以外の場合の請求異議訴訟における被告債権者の抗弁事実の主張に対し，原告債務者は，再抗弁事実として以下のことを主張することができる（内田「執行関係訴訟理論と実務」49頁(4)，「執行関係訴訟諸問題」131頁(三)）。
㋐ 対象債務名義に記載されている給付請求権の消滅あるいは減縮
㋑ 対象債務名義の成立過程での無効原因等

第6節　請求異議訴訟の終了

第1　請求異議訴訟の判決

Ⅰ　請求異議訴訟の訴え却下，請求棄却の判決

　当事者適格，訴えの利益などの訴訟要件が認められない場合には訴え却下の判決をし，原告の主張する異議事由が認められない場合は請求棄却の判決をすることは，通常の民事訴訟と同様である（内田「執行関係訴訟理論と実務」65頁(3)）。

　債務名義に基づく強制執行が完結した場合は，訴えの利益を欠くので，訴えは却下される（「執行関係訴訟諸問題」129頁㈡）。

Ⅱ　請求異議訴訟の請求認容判決

　原告の請求を認容するときは，対象債務名義を特定し，当該債務名義に基づく強制執行の全部又は一部の永久的又は延期的不許を宣言する（「執行関係訴訟諸問題」128頁㈠・129頁㈡，内田「執行関係訴訟理論と実務」65頁(1)・(2)）。

◆永久的不許判決主文◆

> 　被告から原告に対する，○○地方裁判所平成○年（ワ）第○○○号……請求事件の判決に基づく強制執行は，これを許さない。

第6節 請求異議訴訟の終了
第1 請求異議訴訟の判決

◆延期的不許判決主文◆

　被告から原告に対する，○○地方裁判所平成○年（ワ）第○○○号……請求事件の判決に基づく強制執行は，平成○年○月○日までこれを許さない。

原告の異議事由の一部に理由があるときは，一部認容判決をする。

◆一部認容判決主文◆

1　被告から原告に対する，○○地方裁判所平成○年（ワ）第○○○号……請求事件の判決に基づく強制執行は，○○○万円及びこれに対する平成○年○月○日から支払済みまで年○％の割合による金員を超える部分についてはこれを許さない。
2　原告のその余の請求を棄却する。

Ⅲ　仮処分についての判断

　執行停止等の仮の処分（民執36条1項）が本案判決前にされていた場合，本案の受訴裁判所は，訴え却下判決又は請求棄却判決をするときは，当該仮の処分を取り消し，請求の全部又は一部認容の判決をするするときは，当該仮の処分を認可し又は変更しなければならない（民執37条1項前段）。この裁判には，判決の確定を待たずに即時に効力を生じさせるために，仮執行の宣言をしなければならない（民執37条1項後段）（「執行関係訴訟諸問題」130頁，内田「執行関係訴訟理論と実務」65頁(4)，深沢＝園部「執行の実務(下)〔補訂〕」643頁・644頁）。

　📖　仮執行免脱宣言は付し得ない（洲本簡判昭29・10・18下民集5巻10号1727頁）（中野＝下村「民執法」248頁）。

執行停止等の仮の処分（民執36条1項）は，請求異議の訴えの判決において認可，変更又は取消しの裁判がなされるまでは失効しないので，請求異議の訴えの判決において，この仮処分について認可，変更又は取消しの裁判をしなかった場合は，受訴裁判所の裁判の脱漏として，民事執行法37条1項の裁判をするまで依然としてその仮処分は効力を有することになる（「執行関係訴訟諸問題」111頁，内田「執行関係訴訟理論と実務」66頁）。

この仮処分の裁判に対しては，不服申立てをすることができない（民執37条2項）。

IV　請求異議訴訟の判決の効力

1　請求異議訴訟の請求棄却判決の効力

請求異議の訴えの法的性質について形成訴訟説に従えば，請求棄却判決が確定すると，執行法上の異議権の不存在について既判力が生ずることになる（「執行関係訴訟諸問題」132頁2．内田「執行関係訴訟理論と実務」66頁）。

請求棄却判決確定後に，原告であった債務者が，債務者を被告として，強制執行によって得た金銭等に対する不当利得返還請求訴訟や不法行為に基づく損害賠償請求訴訟を提起することができるかということが問題となる。これについては，前訴である請求異議訴訟の棄却判決と後訴である不当利得返還・不法行為損害賠償の請求訴訟の訴訟物の間に矛盾関係があるとみられ，前訴請求異議訴訟の既判力が後訴不当利得返還・不法行為損害賠償の請求訴訟にも及ぶと解すべきである（中野＝下村「民執法」250頁，内田「執行関係訴訟理論と実務」66頁）。

2　請求異議訴訟の請求認容判決の効力

請求異議訴訟の請求認容判決が確定すると，対象債務名義の執行力が永久的又は延期的に排除される。被告債権者は，対象債務名義について執行文の

付与を求めることができなくなる。原告債務者は，認容判決正本を執行機関に提出して，対象債務名義による執行手続の停止・執行処分の取消しを求めることができる（民執39条1項1号・40条1項）（「執行関係訴訟諸問題」132頁，内田「執行関係訴訟理論と実務」66頁，深沢＝園部「執行の実務(下)〔補訂〕」643頁・644頁）。

第2　請求異議訴訟における和解

　請求異議訴訟の性質を，債務名義の執行力の排除を目的とする形成訴訟であると解すると，請求異議訴訟の訴訟物である債務名義の執行力の排除の主張である訴訟上の異議権は，判決主文によってのみ形成される地位であるから，その訴訟物自体についての訴訟上の和解は許されないことになる（「執行関係訴訟諸問題」133頁・134頁，内田「執行関係訴訟理論と実務」67頁，後藤ほか「訴訟上の和解の理論と実務」379頁，深沢＝園部「執行の実務(下)〔補訂〕」644頁）。

　ここで和解が許されないというのは，原告請求と同内容の創設的効果を直接生じさせるような内容の和解をすることはできないということであって，当事者が自由に処分することができる請求異議訴訟の訴訟物以外の実体法上の権利の存否やその内容の変更等の合意はできる（「執行関係訴訟諸問題」134頁，内田「執行関係訴訟理論と実務」67頁，後藤ほか「訴訟上の和解の理論と実務」379頁，深沢＝園部「執行の実務(下)〔補訂〕」644頁）。そして，執行事件を取り下げる条項（「被告は，原告に対し，○○地方裁判所平成○年（ヌ）第○○○号不動産強制競売申立事件を取り下げる。」等）や強制執行をしない旨の条項（「被告は，原告に対し，○○簡易裁判所平成○年（ハ）第○○○号……請求事件の判決に基づく強制執行はしない。」等）が記載された和解調書正本を執行機関に提出すると，強制執行は停止され（民執39条1項4号），既になされた執行処分は取り消されることになる（民執40条1項）（内田「執行関係訴訟理論と実務」68頁(2)，園部「〔改訂〕和解論点整理ノート」280頁）。ただ，この場合，請求異議訴訟の訴訟物自体について解決していないことになるので，実務では，和解の内容として，「原告は，被告に対する本件訴えを取り下げ，被告は，この取下げに同意する。」というよう

な内容の和解条項を加える取扱いをしている（「執行関係訴訟諸問題」134頁，内田「執行関係訴訟理論と実務」68頁(3)，園部「〔改訂〕和解論点整理ノート」280頁・281頁，深沢＝園部「執行の実務(下)〔補訂〕」644頁）。

第3　請求異議訴訟における請求の放棄・認諾

　請求異議訴訟について形成訴訟説に立つのであれば，訴訟上の和解と同様に，請求の放棄・認諾も許されないと解される（「執行関係訴訟諸問題」135頁第一三，内田「執行関係訴訟理論と実務」69頁2，深沢＝園部「執行の実務(下)〔補訂〕」645頁11）。

第2章

配当異議の訴え

第1節　配当異議の訴えの意義

　金銭執行の配当期日において配当異議の申出をした債権者及び執行力ある債務名義正本を有しない債権者（配当を受けるべき一般先取特権者，質権者，抵当権者，国税債権等の交付要求債権者）に対し配当異議の申出をした債務者・所有者は，配当異議の訴えを提起しなければならない（民執90条1項（188条，121条・189条（民執規84条・175条），民執142条2項・192条，166条2項・193条2項，民執規97条（98条・98条の2）・176条2項・177条・177条の2））（執行力ある債務名義正本を有する債権者に対して配当異議の申出をした債務者・所有者は，請求異議の訴え又は定期金賠償判決変更の訴え（民訴117条）を提起しなければならない（民執90条5項（188条，121条・189条（民執規84条・175条），民執142条2項・192条，166条2項・193条2項，民執規97条（98条・98条の2）・176条2項・177条・177条の2））。）（深沢＝園部「執行の実務(上)〔補訂〕」742頁）。

　配当異議の訴えは，配当期日（知れていない抵当証券の所持人に対しては，配当異議の申出をした債権者又は債務者が所持人を知った日）から1週間以内（買受人が差引納付の申出をし，民事執行法78条4項ただし書（188条で準用）の規定により金銭を納付すべき場合は2週間以内）に提起する必要がある（民執90条6項（188条，121条・189条（民執規84条・175条），民執142条2項・192条，166条2項・193条2項，民執規97条（98条・98条の2）・176条2項・177条・177条の2））。この期間内に配当異議の訴えを提起したことを証明しないとき（執行力ある債務名義正本を有する債権者に対して配当異議の申出をした債務者・所有者が請求異議の訴え又は定期金賠償判決変更の訴え（民訴117条）を提起したときは，それらの訴えを提起したことの証明及びその訴えに係る執行停止の裁判の正本を提出しないとき）は，配当期日においてした

配当異議の申出は取り下げたものとみなされ，配当表どおりの配当が実施されることになる（民執90条6項（188条，121条・189条（民執規84条・175条），民執142条2項・192条，166条2項・193条2項，民執規97条（98条・98条の2）・176条2項・177条・177条の2））。配当異議の申出をした者は，自らの責任において，執行裁判所に対して法定の期間内に配当異議の訴えを提起したことを証明することが必要であり，その趣旨を明示することなく単に配当異議の訴えを提起した旨の届出を民事訟廷事務室に提出するのみでは足りない（最判平6・12・6判タ870号109頁・判時1517号35頁・集民173号481頁）（深沢＝園部「執行の実務(上)〔補訂〕」742頁）。

第2節　配当異議の訴えの性質

　配当異議の訴えの性質については，旧法下で以下の諸説の対立があり，民事執行法下においても同様の対立がある（「執行関係訴訟諸問題」228頁１，内田「執行関係訴訟理論と実務」137頁，深沢＝園部「執行の実務(上)〔補訂〕」745頁）。
① 　形成訴訟説
　　執行裁判所の作成した配当表の変更又は新たな配当表の作成を命ずる判決を求める訴訟上の形成の訴えである（宮脇「強制執行法（各論）」480頁，「注釈民執法４」334頁，「注解民執法(3)」394頁，中野＝下村「民執法」554頁）。
② 　確認訴訟説
　　原告に帰属すべき配当額の確認又は被告に対する配当額の不存在の確認を求める確認の訴えであり，広義の判決の執行力に基づき，配当機関は，判決に従った配当を実施すべきことになる（兼子「増補強制執行法」225頁）。
③ 　救済訴訟説
　　実体的配当請求権の確認と配当表の変更ないし失効という確認機能と形成機能とを保有する特殊な訴訟である（石川「訴訟上の和解の研究」254頁以下）。
④ 　命令訴訟説
　　執行機関の具体的在り方を定める前提条件たる事実を既判力をもって確定するとともに，その事項の存否に関する審判の結果から見て，あるべき関係を，執行担当機関に向けて判決主文で指示・宣言するもの（執行機関が指示・宣言に拘束されるのは，執行法の認めた効力による。）である（竹下守夫・法曹時報29巻５号753頁(3)）。
　民事執行法90条４項（188条，121条・189条（民執規84条・175条），民執142条

2項・192条, 166条2項・193条2項, 民執規97条 (98条・98条の2)・176条2項・177条・177条の2) で準用) では, 配当異議の訴えの判決においては, 配当表を変更するか又はこれを取り消すべきものとしているので, 形成訴訟説を前提としていると解すべきである (田中「新民執法の解説〈増補改訂版〉」236頁,「注釈民執法4」334頁,「執行関係訴訟諸問題」230頁, 内田「執行関係訴訟理論と実務」137頁・138頁, 深沢＝園部「執行の実務(上)〔補訂〕」745頁)。

第3節　配当期日における配当異議の申出

第1　配当期日における異議申出の内容

I　執行手続上の不服

　配当手続開始の要件（民執84条1項・2項（188条，121条・189条（民執規84条・175条），民執142条2項・192条，166条2項・193条2項，民執規97条（98条・98条の2）・176条2項・177条・177条の2））の欠缺，配当期日呼出し（民執85条3項（188条，121条・189条（民執規84条・175条），民執142条2項・192条，166条2項・193条2項，民執規97条（98条・98条の2）・176条2項・177条・177条の2））の欠缺，計算書提出催告（民執規60条（173条2項，83条・174条5項（84条・175条），97条（98条・98条の2）・176条2項・177条・177条の2，132条・178条3項，145条・179条2項））の欠缺，配当表作成方式（民執85条6項（188条，121条・189条（民執規84条・175条），民執142条2項・192条，166条2項・193条2項，民執規97条（98条・98条の2）・176条2項・177条・177条の2））違反等の手続上の不服に対しては，配当期日前又は配当期日に執行異議の申立て（民執11条）をすることが可能である。これらの事由について，配当期日終了までに執行異議の申立てをしなければ，責問権を喪失すると解される（民執20条（民訴90条））（中野＝下村「民執法」550頁）。このような執行異議の申立てがなされた場合，申立てに理由があればそれに応じた措置をとり，申立てに理由がなければ当該申立てを却下することになる。

Ⅱ 実体上の不服

　配当表に記載された各債権者の債権の存否及び配当額あるいは執行費用の額を争う場合には，当該不服を有する債権者は，配当期日に出頭して，配当異議の申出をしなければならない（民執89条1項（188条，121条・189条（民執規84条・175条），民執142条2項・192条，166条2項・193条2項，民執規97条（98条・98条の2）・176条2項・177条・177条の2））。

　債権者が他の債権者に配当異議の申出をするときは，他の債権者への配当額の否定又は減少により，自己に対する配当額の増額をもたらすものであることが必要となる。このような要件を満たさない配当異議の申出は，その利益を欠くことになる。そのような配当異議の申出の利益を欠く申出の対応については，配当異議の訴えにより不適法却下すべきとする説（宮脇「強制執行法（各論）」470頁）もあったが，配当期日において配当異議の申出を却下し，それに対する不服は執行異議により対応するのが妥当であると解される（「注解民執法(3)」384頁，内田「執行関係訴訟理論と実務」131頁）。

第2　配当表に記載のない者の配当異議の申出

　配当表に記載された債権又は配当の額について配当異議の申出をし，配当異議の訴えを提起することができるのは，配当表に記載された債権者に限られ，配当表に記載されなかった者は，自己が配当を受けるべき債権者であることを主張して配当異議の訴えを提起する原告適格を有しないと解される。配当を受けるべき債権者であるにもかかわらず配当表に記載がされなかった者は，配当表の作成手続の違法を理由として，執行異議の申立てによりその是正を求めるべきである（最判平6・7・14民集48巻5号1109頁・判タ860号115頁・判時1507号129頁）（内田「執行関係訴訟理論と実務」131頁・132頁）※。

> ※ 配当異議の申出及び配当異議の訴えを認める説（中野＝下村「民執法」551頁）

第3　実行担保権の債務者の配当異議の申出

　不動産について物上保証をしている債務者が，当該担保権の実行としての競売事件の配当表に対し，配当異議の申出及び配当異議の訴えを提起することができるかが問題となる。これについては，最高裁が以下のように判示して，不動産について物上保証をしている債務者が当該担保権の実行としての競売事件の配当表に対して配当異議の申出等をすることを肯定した（最判平9・2・25民集51巻2号432頁・判タ936号218頁・判時1598号87頁）。

　不動産を目的とする担保権実行としての競売における配当手続については，民事執行法188条において，不動産に関する強制競売における債務者の配当異議の申出等に関する同法89条1項・90条1項の規定が準用されている。そして，競売申立てに係る抵当権が当該不動産の所有者以外の者の債務の担保のために設定されたものである場合には，前記準用に係る規定における「債務者」には，前記不動産の所有者のほか，前記被担保債権の債務者も含まれ，前記債務者も，被担保債権その他自己の債権者の債権への配当額に変動を生じ得る範囲において，配当異議の申出等をすることができると解するのが相当である（最判昭49・12・6民集28巻10号1841頁・判タ323号139頁・判時791号78頁）。けだし，前記債務者は，競売申立てに係る抵当権の被担保債権に対する配当による弁済について所有者から求償権の行使を受けることがあり（民372条・351条），また，当該不動産の売却代金の配当を受けるべき債権には，前記被担保債権以外にも前記債務者に対する他の債権が含まれていることがあるところ，これらに関し，配当手続においていずれの債権者に幾らの配当がされて，最終的に自己の総債務がいかほど減少するかについての固有の法律上の利害関係を有しており，他方，被担保債権の弁済等の事情に通じた前記債務者に配当異議の申出等を認めることによって，結果的には所有

者や他の債権者にとっても利益となる適正な配当の実施が期待でき，配当に関する後日の紛争発生の防止も期待することができるうえ，民事執行法182条は前記債務者が被担保債権の消滅等を理由として不動産競売の開始決定に対して執行異議の申立てをすることを認め，前記債務者を当該競売手続においては所有者に準ずる地位にある者として扱っているのであって，前記債務者の配当額についての不服申立ての方法を債務不存在確認の訴え等の別訴を提起することにあえて限定すべき理由も存在しないからである。

第4　実行担保権以外の債務者の配当異議の申出

　では，不動産について物上保証をしている債務者が実行担保権以外の債務者の場合，競売事件の配当表に対し，配当異議の申出及び配当異議の訴えを提起することができるのであろうか。これについては，前記**第3**の最高裁判決（最判平9・2・25民集51巻2号432頁・判タ936号218頁・判時1598号87頁）において，実行担保権の債務者が所有者に準ずる地位を執行法上与えられていることが，配当異議申出権や訴えにおける原告適格を肯定する根拠とされており，実行担保権以外の債務者はこのような地位になく，実行担保権以外の債務者は，債務不存在確認の訴えや担保権不存在確認の訴えなどを提起することも可能であり，配当異議の訴えへの補助参加（本章**第4節第3Ⅲ**（58頁）参照）の余地もあることから，配当異議の申出及び配当異議の訴え提起はできないと解すべきである（内田「執行関係訴訟理論と実務」136頁4，東京地裁「民事執行の実務【3版】不動産(下)」266頁5）。

第5　配当異議の申出の取下げ

　配当異議の申出は，配当期日後配当異議訴訟終了まで取り下げることができる（「注釈民執法4」324頁）。配当異議の申出の取下げは，執行裁判所に対する申述による。当該取下げがあったときは，配当異議訴訟の原告は当事者適

格を失い，配当異議の訴えは不適法となり，訴え却下となる（「執行関係訴訟諸問題」235頁）。

第4節　配当異議訴訟における訴訟手続

第1　配当異議の訴えの管轄裁判所

　配当異議の訴えは，執行裁判所が専属的に管轄する（民執90条2項（188条，121条・189条（民執規84条・175条），民執142条2項・192条，166条2項・193条2項，民執規97条（98条・98条の2）・176条2項・177条・177条の2），19条）。この執行裁判所が管轄するという趣旨は，執行機関としての執行裁判所ではなく，当該執行裁判所が所属する官署としての裁判所に含まれる裁判機関である裁判所が受訴裁判所としての管轄権を有するということである（深沢＝園部「執行の実務(上)〔補訂〕」745頁3）。

第2　配当異議の訴えの訴訟物の価額

　配当異議の訴えにおける訴訟物の価額は，原告勝訴の結果に基づき，従前の配当表における配当に比べて配当表変更により受ける利益（配当増加額）を基準とすべきであるから，①債権者が訴えを提起する場合は，配当表に計上されている原告へ配当される金額と更正を求める配当額との差額を基準にすべきであり，②債務者が訴えを提起する場合は，原告（債務者）勝訴の結果被告（債権者）が受けることができず他の債権者又は債務者に交付されるべき配当額が原告の受ける利益であるから，その額を基準とする（「執行関係訴訟諸問題」236頁，深沢＝園部「執行の実務(上)〔補訂〕」745頁3）。

第3　配当異議の訴えの当事者適格

Ⅰ　配当異議の訴えの原告適格

1　債権者，債務者及び所有者の原告適格

　原告は，配当期日に配当表に異議を申し出た債権者又は債務者（所有者）である。

　物上保証人に対する不動産競売事件において作成された配当表につき競売申立てに係る被担保債権の債務者は配当異議の訴えを提起することができる（最判平9・2・25民集51巻2号432頁・判タ936号218頁・判時1598号87頁）。異議を申し立てた債権者が数人あって共同訴訟の要件（民訴38条）を備えていれば，共同して訴え提起（通常共同訴訟）ができる（深沢＝園部「執行の実務(上)〔補訂〕」746頁）。なお，競売申立てに係る抵当権の被担保債権の債務者は，民事執行法が不動産の所有者に準ずる特別の地位を認めているので配当異議の訴えを提起することができると解されるが，実行抵当権の被担保債権の債務者以外の物上保証を受けている債務者については，そのような地位にないので，配当異議の訴えを提起することはできないと解される（「最高裁判例解説民事編平成9年(上)」252頁，東京地裁「民事執行の実務【3版】不動産(下)」266頁）（本章**第3節第3**（53頁）・**第4**（54頁）参照）。

　配当異議の申出は，配当期日後配当異議訴訟終了まで取り下げることができ（「注釈民執法4」324頁），当該取下げがあったときは，配当異議訴訟の原告は当事者適格を失い，配当異議の訴えは不適法となり，訴え却下となる（「執行関係訴訟諸問題」235頁）。

　＊　配当異議訴訟における原告の起訴証明→本章本節**第6**Ⅱ**❸**（70頁）参照

2 配当表に記載されていない債権者の原告適格

配当異議の訴えは，執行裁判所によって配当表作成手続への関与を認められた債権者の間における配当に関する実体法上の紛争解決のための手続であるから，配当表に債権者として記載されていない者は配当異議の訴えの原告適格を有しない。配当表作成手続に関与を認められなかった債権者は，執行異議の申立て（民執11条）によって救済を求めるべきである（最判平6・7・14民集48巻5号1109頁・判タ860号115頁・判時1507号129頁）（「執行関係訴訟諸問題」240頁，深沢＝園部「執行の実務(上)〔補訂〕」746頁）。

Ⅱ 配当異議の訴えの被告適格

配当異議の訴えの被告となる者は，異議申立てどおりに配当表が変更されることによって不利益を受ける債権者である（深沢＝園部「執行の実務(上)〔補訂〕」746頁・747頁）。

数名の債権者を共同被告とするときは，通常，共同訴訟人となる。（民訴38条）（深沢＝園部「執行の実務(上)〔補訂〕」747頁）。

> ∽ 配当期日において，債務者への剰余金を交付すべき配当表が作成されたときは，債務者も被告適格を有すると解されている（「執行関係訴訟諸問題」245頁，中野＝下村「民執法」555頁，内田「執行関係訴訟理論と実務」142頁，「新基本法コンメ民執法」272頁）。

Ⅲ 配当異議の申出をしなかった債務者・債権者の補助参加

1 債権者からの配当異議の訴えの場合

第4節　配当異議訴訟における訴訟手続
第3　配当異議の訴えの当事者適格

債権者からの配当異議の訴えの場合，他の債権者が補助参加する利益はないと解される（「注釈民執法4」333頁，「注解民執法(3)」403頁，「執行関係訴訟諸問題」259頁，中野＝下村「民執法」558頁，内田「執行関係訴訟理論と実務」145頁，「新基本法コンメ民執法」272頁，深沢＝園部「執行の実務(上)〔補訂〕」747頁）。これは，債権者が提起した配当異議の訴えの判決の効力は，原告と被告との間で相対的に効力が生ずるにとどまり，当事者でない債権者の法的地位に法律上及び事実上の影響を与える関係にないからである。

配当異議の申出をしなかった所有者である債務者は，債権者が提起した配当異議訴訟において，正当な配当受領権者と考えられる当事者側に補助参加（民訴42条）することができる（深沢＝園部「執行の実務(上)〔補訂〕」747頁）。これは，非債弁済を防止し，正当な債権者に配当しておかないと，後日，正当な債権者に弁済をしなければならなくなり，その法的地位に事実上の影響を与えるからである。

所有者以外の債務者（物上保証における債務者）については，配当異議の申出はできないが，所有者たる債務者と同様に非債弁済を防止するといった正当な利益を有し，その法的地位に影響が及ぶから，補助参加の利益は肯定できると解される（「執行関係訴訟諸問題」259頁，内田「執行関係訴訟理論と実務」146頁）。

2　債務者からの配当異議の訴えの場合

債務者からの配当異議の訴えの場合，原告である債務者が勝訴することで，追加配当が見込まれる債権者については，その法的地位に事実上の影響が及ぶといえるので，補助参加の利益を肯定することができると解される（「注釈民執法4」333頁，「注解民執法(3)」403頁，「執行関係訴訟諸問題」259頁，中野＝下村「民執法」558頁，内田「執行関係訴訟理論と実務」146頁(2)，「新基本法コンメ民執法」272頁）。

第4　配当異議訴訟における共同訴訟

I　債権者からの配当異議の訴えの競合

　複数の債権者が同一の債権者を被告とする場合，同一の債権者が複数の債権者を被告とする場合，いずれの場合も必要的共同訴訟の関係には立たなく，通常共同訴訟になると解される（「注釈民執法4」332頁，「注解民執法(3)」403頁，「執行関係訴訟諸問題」257頁，中野＝下村「民執法」558頁，内田「執行関係訴訟理論と実務」144頁，「新基本法コンメ民執法」272頁）。これは，債権者間の配当異議の訴えの判決の効力が，相対的なものにとどまり，訴訟外の他の債権者には及ばないからである。

　　＊　債権者が提起した複数の配当異議の訴えが係属する場合→本章**第5節第1Ⅱ3**(2)**イ**（82頁）参照
　　＊　債権者及び債務者・所有者からの配当異議の訴えの認容判決が競合する場合→本章**第5節第1Ⅲ4**（86頁）参照

Ⅱ　債務者からの訴えと債権者からの配当異議の訴えの競合

　債務者からの配当異議の訴え・請求異議の訴えが複数の債権者に対して提起されている場合，又は債務者がある債権者に対して配当異議の訴えを提起し，その債権者が他の債権者からの配当異議の訴えの被告となっている場合が考えられる。いずれの場合も，各訴えの間には合一確定の要請はなく，必要的共同訴訟にはならないと解される（「注釈民執法4」333頁，「注解民執法(3)」403頁，「執行関係訴訟諸問題」258頁，中野＝下村「民執法」558頁，内田「執行関係訴訟理論と実務」145頁，「新基本法コンメ民執法」272頁）。

　債務者からの配当異議の訴えで債務者が勝訴した場合，その判決の効力は，

第4節　配当異議訴訟における訴訟手続
第5　配当異議訴訟における訴えの利益

追加配当による配当金の増額など他の債権者の利益に働く（民執92条2項（188条，121条・189条（民執規84条・175条），民執142条2項・192条，166条2項・193条2項，民執規97条（98条・98条の2）・176条2項・177条・177条の2））が，これは，他の債権者が配当異議の訴えを提起したか否かにかかわらず生ずるものであり，配当額に関する合一確定の要請とは無関係なものと解されること，被告債権者が複数の場合，被告ごとに配当額等に関する争点は異なることなどから，必要的共同訴訟にはならないと解される。

第5　配当異議訴訟における訴えの利益——原告への交付額の増加

I　債権者からの配当異議の訴え——原告債権者への配当額の増加

債権者からの配当異議の訴えの場合，訴えの目的は，原告債権者への配当額の増加であるから，相手方被告債権者の配当額の否定が，原告債権者への配当額を増加させるものでなければならず，それが欠ける場合，配当異議の訴えは訴えの利益を欠くことになる*1（本章本節**第6 Ⅱ ❶**(1)（65頁）参照）。執行債権及び被担保債権の満足を得ている債権者は，他の債権者の配当額を争ったとしても，自己の配当額の増額はあり得ないから，配当異議の訴えの利益を欠くことになり，当該訴えは却下を免れない*2（「執行関係訴訟諸問題」238頁・245頁，内田「執行関係訴訟理論と実務」142頁）。

> *1 ①　最判昭35・7・27民集14巻10号1894頁・判時233号23頁（配当表を変更しても自己に対する配当を受けることができない場合であるときは，配当表に対する異議の申出をする利益はない。）
> 　　②　大阪地判平26・12・4判時2279号60頁・金商1473号48頁

> （配当異議訴訟の本質は，異議債権者である原告が，自己の債権額の限度で，自己の利益のために配当表の取消し又は変更を求めるところにあるから，その訴えは，異議が認容されることによって原告に対する配当が増額される場合にのみ許され，そうでない場合には訴えの利益がないと解すべきである。）
>
> ＊2　最判昭 50・11・28 民集 29 巻 10 号 1614 頁・判タ 332 号 196 頁・判時 802 号 79 頁（自己の債権額の限度で配当を受けた債権者は，他の債権者に対する配当につき異議を申し立てる利益がない。）

＊　原告債権者への債権額に満つるまでの配当後の剰余金の帰属先→本章**第 5 節第 1 Ⅱ 3** (2)ア（イ）(81 頁) 参照

　原告債権者への配当増加は，異議のある原告・被告間のみで相対的に決められ，異議申立てをしていない他の債権者への配当を考慮する必要はない。一般債権者甲・乙・丙の執行債権が各 100 万円，配当原資が 150 万円で，甲・乙・丙へ各 50 万円を配当する旨の配当表が作成され，甲が丙の債権が存在しないと主張し，それが立証された場合，乙への配当を考慮することなく，甲は丙への配当額 50 万円を全額自己甲の残債権 50 万円に満つるまで配当をするように求めることができるので，訴えの利益は 50 万円となる（「執行関係訴訟諸問題」238 頁）。

＊　当事者である原告債権者と被告債権者の間での配当表の変更→本章**第 5 節第 1 Ⅱ 3** (2)ア（ア）(81 頁) 参照

Ⅱ　債務者からの配当異議の訴え──原告債務者への剰余金の増加

　債務者からの配当異議の訴えの場合，債務者に剰余金が交付されない場合であっても，他の債権者への配当額を増加させ，非債弁済を避けるという意味では，訴えの利益は常に肯定されることになる。したがって，債務者からの配当異議の訴えにおいては，原告債務者への剰余金の増加は，主張立証す

る必要はない（内田「執行関係訴訟理論と実務」143頁）（本章本節**第6 Ⅱ ❶** (2)（68頁）参照）。

第6　配当異議訴訟における請求の趣旨・原因等

Ⅰ　配当異議訴訟における請求の趣旨

　配当異議の訴えの原告は，請求の趣旨として，被告の債権に対する配当額の全部又は一部を減殺し，自己の利益に配当表の変更を求める申立ての内容を明確に記載する（深沢＝園部「執行の実務(上)〔補訂〕」747頁(1)）。

■2-1 債務者提起の債務名義を有しない債権者に対する配当異議の訴えの請求の趣旨記載例

①

請求の趣旨

1　○○地方裁判所平成○年（ケ）第○○○号担保不動産競売事件につき，新たな配当表作成のために，平成○年○月○日作成された配当表の被告の項のうち，損害金については○○万円を，元金については○○○万円を，合計については○○○万円を，配当実施額等については○○○万円全額を，いずれも取り消す。
2　訴訟費用は被告の負担とする。
との裁判を求める。

＊　東京地判平20・1・25（平19（ワ）12958）判例秘書参照。

②

請求の趣旨

1　○○地方裁判所平成○年（ケ）第○○○号担保不動産競売事件につき，新たな配当表作成のために，平成○年○月○日作成された配当表の被告の項のうち，損害金については○○万○○○○円を，元金については○○○万○○○○円を，合計については○○○万○○○○円をそれぞれ超える部分を，配当実施額等のうち○○○万○○○○円を超える部分を，いずれも取り消す。
2　訴訟費用は被告の負担とする。
との裁判を求める。

＊　京都地判平25・3・7民集69巻7号1773頁・金商1488号34頁・金法2041号69頁参照。

■2-2　債権者提起の他の債権者に対する配当異議の訴えの請求の趣旨記載例

請求の趣旨

　○○地方裁判所平成○年（ケ）第○○○号担保不動産競売事件につき，平成○年○月○日作成された配当表のうち，被告への配当額が1000万円とあるのを500万円に，原告への配当額が0円とあるのを500万円に，それぞれ変更する。

Ⅱ　配当異議訴訟における請求の原因・抗弁等

1　配当異議の訴えの請求原因

(1)　債権者からの配当異議の訴えにおける請求原因

　債権者からの配当異議の訴えにおける請求原因としては，①原・被告が債権者として記載されている配当表の存在及び当該配当表に異議のある配当額等が記載されていること，②原告の配当期日での配当異議の申出及び範囲，③配当が原告債権者に帰属する原因事実の存在，④被告債権者への配当額の否定・減少により原告債権者への配当額の増額をもたらすものであることとなる（「執行関係訴訟諸問題」253頁㈠，内田「執行関係訴訟理論と実務」138頁・139頁）。

　②ないし④については，訴訟要件を構成する事実でもある（内田「執行関係訴訟理論と実務」139頁）。

■2-3 債権者提起の他の債権者に対する配当異議の訴えの請求の原因記載例
① 債権配当等事件

請求の原因

1　被告の債権差押命令申立事件

　　被告は，訴外○○○○（執行債務者）との間において，平成○年○月○日に設定した質権（被担保債権元本○○万円，損害金○％）に基づいて，別紙差押債権目録1記載の債権に対し，○○地方裁判所に債権差押命令の申立てをし，同庁平成○年（ケ）第○○○号事件として，平成○年○月○日に債権差押命令が発せられ，同命令は同月○日に訴外○○○○（執行債務者）に送達された。

2　原告の債権差押命令申立事件

　　原告は，訴外○○○○（執行債務者）に対する債務名義として○○地方裁判所平成○年（ワ）第○○○号貸金請求事件の執行力ある債務名義（和解調書）の正本に記載された請求債権元本○○万○○○○円，損害金○万○○○○円，合計○○万○○○○円に基づき，別紙差押債権目録2記載の債権に対し，○○地方裁判所に債権差押命令の申立てをし，同庁平成○年（ル）第○○○号事件として，平成○年○月○日に債権差押命令が発せられ，同命令は同月○日に訴外○○○○（執行債務者）に送達された。

3　第三債務者の供託

　　訴外○○○○（第三債務者）は，上記1，2の債権差押命令の送達を受け，差押えが競合したので，同月○日被差押債権の全額に相当する○○万○○○○円を○○地方法務局に供託し，同日○○地方裁判所に対して供託書正本を添付して事情届を提出し，平成○年（リ）第○○○号配当等手続事件（以下「本件配当等手続事件」という。）として受理された。

4　配当表の存在及び配当期日における異議

(1)　平成○年○月○日午前○時，本件配当等手続事件についての配当期日が開かれ，配当表（以下「本件配当表」という。）が作成された。

(2)　本件配当表には，第1順位として，被告の請求債権として元本○○万○○○○円，配当等実施額として○○万○○○○円と記載され，第2順位として，原告の請求債権として元本○○万○○○○円，損害金○万○

第4節　配当異議訴訟における訴訟手続
第6　配当異議訴訟における請求の趣旨・原因等　　　　　　　　　67

○○○円，合計○○万○○○○円，配当等実施額として0円と記載されている。
(3)　上記配当期日に，原告○○○○が出頭し，被告に対する上記配当等実施額は不当である旨の異議の申出をした。
5　異議事由
　　原告が上記申出をしたのは，上記被告の債権は平成○年○月○日に訴外○○○○（執行債務者）の弁済により消滅したことを理由とするものである。
6　結　論
　　よって，本件配当表の記載は不当であるから，請求の趣旨記載のとおりの更正を求める。

② **不動産競売事件**

請求の原因

1　配当表の存在及び配当期日における異議
(1)　○○地方裁判所平成○年（ケ）第○○○号担保不動産競売事件（以下「本件担保不動産競売事件」という。）において，平成○年○月○日午前○時，配当期日が開かれ，配当表（以下「本件配当表」という。）が作成された。
(2)　本件配当表には，第1順位として，被告の被担保債権として元本○○○万○○○○円，配当等実施額として○○○万○○○○円と記載され，第2順位として，原告の被担保債権として元本○○○万○○○○円，損害金○○万○○○○円，合計○○○万○○○○円，配当等実施額として0円と記載されている。
(3)　上記配当期日に，原告○○○○が出頭し，被告に対する上記配当等実施額は不当である旨の異議の申出をした。
2　異議事由
　　被告は，本件不動産競売事件の債務者兼所有者である訴外○○株式会社から，配当期日に先立つ平成○年○月○日に，上記1(2)の被告に対する配当額に相当する金額について弁済を受けており，既に被担保債権は消滅し

ている。
3　結　論
　　よって、上記2の弁済に係る被告の被担保債権の消滅を反映していない本件配当表の記載は不当であるから、請求の趣旨記載のとおりの更正を求める。

(2)　債務者からの配当異議の訴えの請求原因

　債務者からの配当異議の訴えの請求原因としては、①原告を債務者（所有者）・被告を債権者とする配当表の存在及び当該配当表への異議のある配当額等の記載がされていること、②原告の配当期日での配当異議の申出及び範囲、③配当表の是正を求める異議の存在及びその内容となる（「執行関係訴訟諸問題」253頁、内田「執行関係訴訟理論と実務」141頁(1)・253頁、園部「書式債権・動産等執行実務〔全訂14版〕」456頁）。

■2-4 債務者提起の債務名義を有しない債権者に対する配当異議の訴えの請求の原因記載例

請求の原因

1 担保権の存在及び債権差押命令申立事件
　被告は，平成○年○月○日，原告（執行債務者）の所有に係る別紙物件目録記載の土地について，○○地方法務局平成○年○月○日受付番号○○○○○○号で設定登記された抵当権（被担保債権元本○○○万円，利息年○％，損害金○％）の物上代位権の行使として，別紙差押債権目録記載の債権に対し，○○地方裁判所に債権差押命令の申立てをし，同庁平成○年(ケ)第○○○号事件として，平成○年○月○日に債権差押命令が発せられた。

2 第三債務者の供託
　訴外○○○○（第三債務者）は，平成○年○月○日被告の申立てに係る債権差押命令の送達を受けたので，同月○日被差押債権の全額に相当する○○○万○○○○円を○○地方法務局に供託し，同日○○地方裁判所に対して供託書正本を添付して事情届を提出し，平成○年(リ)第○○○号配当等手続事件（以下「本件配当等手続事件」という。）として受理された。

3 配当表の存在及び配当期日における異議
(1) 平成○年○月○日午前○時，本件配当等手続事件についての配当期日が開かれ，配当表（以下「本件配当表」という。）が作成された。
(2) 本件配当表には，第1順位として，被告の請求債権として元本○○○万○○○○円，配当等実施額として○○○万○○○○円と記載されている。
(3) 上記配当期日に，原告○○○○が出頭し，被告に対する上記配当等実施額は不当である旨の異議の申出をした。

4 異議事由
　原告が上記申出をしたのは，上記被告の債権は平成○年○月○日にすべて弁済によって消滅したことを理由とするものである。

5 結　論
　よって，本件配当表の記載は不当であるから，請求の趣旨記載のとおりの更正を求める。

2 配当異議の訴えの抗弁等

(1) 債権者からの配当異議の訴えにおける抗弁等

債権者からの配当異議の訴えにおける抗弁としては，㋐被告の配当受領権の発生，㋑原告の配当受領権の発生障害・消滅・阻止事由がある（「執行関係訴訟諸問題」255頁㈡，宮脇「強制執行法（各論）」485頁，内田「執行関係訴訟理論と実務」140頁㋐・㋑，深沢＝園部「執行の実務(上)〔補訂〕」749頁）。再抗弁としては，㋐被告の配当受領権の発生障害・消滅・阻止事由がある（「注釈民執法4」337頁(2)，「注解民執法(3)」401頁，「執行関係訴訟諸問題」256頁，内田「執行関係訴訟理論と実務」140頁(3)，深沢＝園部「執行の実務(上)〔補訂〕」747頁）。

配当異議の申出が適式になされていないこと，起訴証明の不提出（後記 **3** (70頁) 参照）等，訴訟要件を基礎づける事実につき，本案前の抗弁として主張することもできる（内田「執行関係訴訟理論と実務」140頁㋒）。

(2) 債務者からの配当異議の訴えの抗弁等

債務者からの配当異議の訴えの抗弁としては，㋐被告の配当受領権の発生があり，再抗弁としては，㋐被告の配当受領権の発生障害・消滅・阻止事由がある（「注釈民執法4」337頁(2)，「注解民執法(3)」401頁，内田「執行関係訴訟理論と実務」141頁2，深沢＝園部「執行の実務(上)〔補訂〕」747頁）。

配当異議の申出が適式になされていないこと，起訴証明の不提出（後記 **3** (70頁) 参照）等，訴訟要件を基礎づける事実につき，本案前の抗弁として主張することもできる（内田「執行関係訴訟理論と実務」140頁㋒・141頁(2)）。

3 配当異議訴訟における原告の起訴証明

配当期日に配当異議の申出をした者は，当該異議に同意しなかった相手方を被告として訴えを提起したことを配当期日から1週間以内（買受人が差引納付すべき場合は2週間以内）に執行裁判所に証明しなければならず，この証明がないときは配当異議の申出は取り下げられたものとみなされる（民執90条6項（188条，121条・189条（民執規84条・175条），民執142条2項・192条，166条2

項・193条2項，民執規97条（98条・98条の2）・176条2項・177条・177条の2））から，期限内に訴え提起の証明書が執行裁判所に提出されなかった配当異議の訴えも，不適法となり，訴えの利益なしとして却下されることになる（「執行関係訴訟諸問題」237頁・250頁，中野＝下村「民執法」556頁(イ)，内田「執行関係訴訟理論と実務」141頁・142頁，園部「書式債権・動産等執行実務〔全訂14版〕」451頁）。

> 📖 最判平6・12・6判タ870号109頁・判時1517号35頁・集民173号481頁（民事執行法90条6項にいう執行裁判所に対する配当異議の訴えを提起したことの証明は，配当異議の申出をした者が，自らの責任において，執行裁判所に対して法定の期間内に配当異議の訴えを提起したことを証明することが必要であり，その趣旨を明示することなく単に届出書を民事訟廷事務室に提出したのみでは足りない。）

❹ 配当異議事由

(1) 配当異議事由の時的限界

ア 異議事由の時的限界

配当異議の訴えの異議事由は，配当期日における配当異議申出の際に主張したものと同一であることを要しない。また，配当期日までに生じたものに限定する必要はなく，配当異議訴訟の口頭弁論終結までに生じた事実を攻撃方法とすることも許される（大判昭8・5・30民集12巻1381頁）（「執行関係訴訟諸問題」252頁・253頁，深沢＝園部「執行の実務(上)〔補訂〕」748頁(二)）。

イ 既判力ある債務名義を有する債権者に対する配当異議の訴えにおける既判力標準時以前に生じた実体法上の事由の主張

既判力のある債務名義を有する債権者（被告）に対する配当異議の訴えの場合に，配当異議の申出をした債権者である原告は，既判力の標準時以前に生じた実体法上の事由を主張して被告債権者の債権の存否・額を争うことができるかどうかについて，旧法時には以下の見解があった（深沢＝園部「執行の実務(上)〔補訂〕」748頁）。

①　原告債権者は，債務者の承継人として既判力自体を受けるわけではないが，元来一般債権者は債務者の現在の財産状態から満足を受けるべきである以上，債務者と第三者間の関係には当然には干渉できず，債務者が既判力に拘束される状態にあることを承認してかからねばならない点で既判力の反射効を受けるものであるとして，原告債権者は既判力の標準時以前に生じた事由を主張して被告の債権の存否・額を争い得ないとする消極的見解（兼子「増補強制執行法」226頁）
②　債務者が特定の債権者と相通じて馴れ合い訴訟を提起し，仮装の債権について既判力ある債務名義を得させることは容易であるから，他の債権者が反射効に妨げられてその債権者を配当から排除できないというのでは，執行妨害者を不当に利する結果となるとして，原告債権者は既判力の標準時以前に生じた事由を主張して被告の債権の存否・額を争い得るものとする積極的見解（宮脇「強制執行法（各論）」484頁，秋山光明「執行妨害と配当異議の訴」司法研修所『創立15周年記念論文集上巻』（司法研修所，1962）406頁・407頁）

　民事執行法下でも同様の見解が考えられるが，配当異議訴訟における債権者である原告は，債務者に対する債務名義の既判力の効力を受けるわけではなく，②で述べた理由から，②の積極説が妥当であると解される（「注釈民執法4」337頁，「注解民執法(3)」400頁，内田「執行関係訴訟理論と実務」140頁，深沢＝園部「執行の実務(上)〔補訂〕」748頁）。

(2)　配当異議事由

ア　配当異議の訴えにおける異議事由

　配当異議の訴えの異議事由としては，この訴えは配当表の変更を求めることを目的とするから，その変更をもたらす理由を主張することが必要となる。例えば，被告の債権の全部又は一部が存在しないこと（不成立，消滅等），担保権の不成立もしくは消滅，担保権の被担保債権が配当期日までに消滅したこと（最判平元・6・1判タ705号124頁・判時1321号126頁・集民157号1頁）[*1]，配当の額が不当であること，売却代金の割付をめぐる争い（名古屋高判平7・5・30判タ921号287頁・判時1544号66頁）[*2]，被告の差押え又は配当要求に無効・

取消事由があることなど，被告が配当表の記載どおりの配当を受ける理由のないことに関する一切の事由を主張できる（深沢＝園部「執行の実務(上)〔補訂〕」747頁)。

> *1　最判平元・6・1判タ705号124頁・判時1321号126頁・集民157号1頁（不動産競売手続における配当期日において，申立抵当権者の債権又は配当の額に異議の申出をした債権者及び所有者は，配当期日までに抵当権又はその被担保債権が消滅したことを配当異議の訴えの原因とすることができる。）
> *2　名古屋高判平7・5・30判タ921号287頁・判時1544号66頁（土地建物の競売における抵当権者（土地第2順位，建物第1順位）の申立抵当権者（土地第1順位，建物第3順位）に対する配当異議訴訟で，民事執行法86条2項前段の一括売却の各不動産ごとの額は，売却代金総額を各不動産の売却基準価額に応じて案分して得た額とする。）

イ　競売申立書の被担保債権の錯誤・誤記等に基づく真実の権利関係に即した配当表への変更

担保不動産競売申立債権者が，自ら競売申立書中に被担保債権及び請求債権を明記して競売申立てをし，それに基づく競売開始決定があった以上，以後その競売手続においてこれに拘束されることになってもやむを得ないが，訴訟手続である配当異議の訴えにおいて，競売申立書における被担保債権の記載が錯誤・誤記等に基づくものであること及び真実の被担保債権の額が立証されたときは，真実の権利関係に即した配当表への変更を求めることができる（最判平15・7・3判タ1133号124頁・判時1835号72頁・集民210号217頁）。

ウ　不動産競売における複数不動産の売却代金の割付の変更

抵当権者は，複数不動産の一括売却の代金の割付をめぐる争いについて，代金が配当された後不当利得返還請求訴訟による（最判平3・3・22民集45巻3号322頁・判タ755号110頁・判時1380号90頁）よりは，配当異議の訴えにおい

て同時に解決する方が，訴訟経済に資するだけではなく，当事者にとっても利益であり，配当異議の訴えにおいては，民事執行法86条2項前段（188条）の一括売却における各不動産売却基準価額に応じての按分の規定は適用されず，執行裁判所が同条同項前段に従って作成した配当表における売却代金の割付を正しい権利関係に従って変更することができると解される（名古屋高判平7・5・30判タ921号287頁・判時1544号66頁）（配当異議訴訟で一括売却不動産の個別価格を修正して配当表の変更を認めた事例—東京地判平8・6・11判タ969号168頁・判時1598号126頁）（深沢＝園部「執行の実務(上)〔補訂〕」722頁）。

エ 配当額が供託された後に配当表どおりに供託金の支払委託がされたときの法定充当の時期

不動産競売手続における配当金が債権のすべてを消滅させるに足りない場合は，その配当金は法定充当されることになる（最判昭62・12・18民集41巻8号1592頁・判タ657号78頁・判時1262号102頁，最判平9・1・20民集51巻1号1頁・判タ931号153頁・判時1593号52頁）。この場合，配当表記載の根抵当権者の配当額について配当異議の訴えが提起されたためにその配当額に相当する金銭が供託され，その後，当該根抵当権者が当該配当異議の訴えに係る訴訟において勝訴したことにより，当該根抵当権者に対し上記配当表記載のとおり配当がされる場合，その配当の実施は，供託金の支払委託によって行われ，当該供託金は，配当期日における被担保債権に法定充当されるのではなく，その支払委託がされた時点における被担保債権に法定充当されるものと解される（最判平27・10・27民集69巻7号1763頁・判タ1422号80頁・判時2294号57頁）。したがって，例えば，根抵当権者の配当金について配当異議の訴えが提起されて当該配当金が供託された後に当該根抵当権者が当該訴訟で勝訴して当該供託金について支払委託により支払を受けたが，それが極度額に満たず被担保債権も残っている場合は，他の担保不動産の競売による配当における当該根抵当権者への配当における被担保債権については，前回の配当金の支払委託時に法定充当されたものとなることになる（最判平27・10・27民集69巻7号1763頁・判タ1422号80頁・判時2294号57頁は，この後の配当について，債務者が当初

の配当額の供託金は配当期日における被担保債権に法定充当され、配当期日後に生じた遅延損害金には充当されないと主張したのに対し、当該供託金は支払委託がされた時点における被担保債権に法定充当されるとしたもの。)。

オ 配当表欄外の交付者の記載の意味——管財人交付の配当異議事由該当性

　競売における不動産所有者に対する破産手続が継続している場合、当該物件の配当手続において、債権者に対する配当がある場合、当該配当を当該債権者に交付せずに、当該破産手続における破産管財人に交付することがあり、その場合、配当表の欄外に「管財人交付」と記載されている。この場合、当該債権者が、配当異議の申出をしたうえで、当該破産管財人を相手方として、配当異議の訴えを提起することができるかが問題となる。これについては、配当表欄外の「管財人交付」の記載は、単に配当金を実際に誰に交付するかというだけの問題ではなく、当該債権者に対する配当を認めるか否か、その配当額が具体的にいくらになるかについての相違を意味することになり、この場合の当該債権者は、民事執行法89条1項にいう「配当の額について不服のある債権者」に該当するものと解するのが相当であり、当該債権者は、配当異議の申出をしたうえで、当該破産管財人を相手方として、配当異議の訴えを提起することは適法であるとした裁判例がある（大阪高判平7・2・17金商985号10頁・訟月42巻9号2099頁）。

カ 配当異議の訴えによる競売対象不動産の所有権の帰属の争い

　配当異議の訴えは、配当期日において、配当異議の申出をすることを前提に（民執89条1項・188条）、当該配当異議の申出をした債権者が提起する訴えであり（民執90条1項・188条）、執行開始から換価に至るまでの手続が正当に行われたことを前提に、債権者にとって満足的な段階である配当手続において、配当額の基礎となる債権との関係で、配当内容の実体的適否を判決手続により確定することをその役割とするものであるといえる。そして、配当異議の訴えによって執行対象財産の所有権の帰属を争うことはできるとして、配当の段階に至って、執行債務者の変更が可能であるとすれば、従来の執行

債務者の債権者が行った配当要求及び交付要求は水泡に帰することとなる一方，新たな執行債務者の債権者については配当要求も交付要求も行われないこととなり，新たな執行債務者の債権者は，本来であれば与えられたはずの配当要求及び交付要求を行う機会を奪われたまま，執行債務者の責任財産の換価を許すこととなるが，このような帰結は，既に積み重ねられてきた執行手続の前提を覆すものであるうえ，新たな執行債務者の債権者に対する手続保証を著しく欠くものであって，法の趣旨に反するものであると思われる。したがって，配当異議の訴えによって，執行対象財産の所有権の帰属を争うことはできないと考えるべきであるとの裁判例がある（千葉地判平19・9・6（平成18年（ワ）第883号）訟月55巻5号2177頁・裁判所ホームページ）。

第7 配当異議訴訟における当事者の最初の口頭弁論期日への不出頭

I 配当異議訴訟における原告の最初の口頭弁論期日への不出頭

　原告が最初の口頭弁論期日に出頭しない場合は，その責めに帰すべき事由により出頭しない場合を除き，訴えは却下され，配当手続は完了する（民執90条3項（民事訴訟法158条の特則）・91条1項7号・92条1項（188条，121条・189条（民執規84条・175条），民執142条2項・192条，166条2項・193条2項，民執規97条（98条・98条の2）・176条2項・177条・177条の2））。「最初の口頭弁論期日」の意義については，弁論が実際に行われる第1回の期日を指すと解され，控訴審の最初の口頭弁論期日については，これに該当しないと解される（「注解民執法(3)」402頁，「執行関係訴訟諸問題」251頁，内田「執行関係訴訟理論と実務」143頁）。実際には出頭したものの，弁論せずに退廷した場合も，この場合の不出頭に該当するとして扱うべきである（「執行関係訴訟諸問題」252頁，内田「執行関係訴訟理論と実務」143頁）。

> 東京高判昭60・6・3判タ566号154頁・判時1158号208頁・東高民時報36巻6〜7号103頁（民事執行法90条3項にいう「その責めに帰することができない事由により出頭しないとき」とは，不出頭が原告の故意又は過失によるものでないことを意味し，原告において実際に異議権を放棄する意思があったか否かを問わないと解するのが相当である。また，当事者に訴訟代理人のある場合には，当事者のみならず，訴訟代理人についても「その責めに帰することができない事由」があったかどうかが判断されるべきものである。）

Ⅱ 配当異議訴訟における被告の最初の口頭弁論期日への不出頭

　被告が最初の口頭弁論期日に欠席し，原告が出頭した場合は，一般原則に従い，被告提出の答弁書その他の準備書面に記載した事項を陳述したものとみなし，相手方原告に弁論させることができ（民訴158条），被告が口頭弁論において相手方原告の主張した事実を争うことを明らかにしない場合は，弁論の全趣旨によりその事実を争っているものと認めるべき場合を除き，その事実を自白したものとみなすことができる（民訴159条1項・3項）（「執行関係訴訟諸問題」251頁1，中野＝下村「民執法」556頁，内田「執行関係訴訟理論と実務」144頁(2)，深沢＝園部「執行の実務(上)〔補訂〕」749頁）。

Ⅲ 配当異議訴訟における当事者双方の最初の口頭弁論期日への不出頭

　当事者双方が最初の口頭弁論期日に出頭しない場合は，原告が出頭していない以上，民事執行法90条3項（188条，121条・189条（民執規84条・175条），民執142条2項・192条，166条2項・193条2項，民執規97条（98条・98条2項）・176条2項・177条の2で準用）が適用され，訴え却下判決がされるべきであると解

される（横浜地判昭59・5・28判タ537号165頁）（田中「新民執法の解説〈増補改訂版〉」238頁,「注釈民執法4」340頁,「注解民執法(3)」401頁,「執行関係訴訟諸問題」251頁2,中野＝下村「民執法」556頁,内田「執行関係訴訟理論と実務」144頁(3))。

第5節　配当異議訴訟の終了

第1　配当異議訴訟の判決

Ⅰ　配当異議訴訟における当事者の不出頭と訴え却下

　配当異議訴訟の第1審の最初の口頭弁論期日に原告が出頭しない場合には，その責めに帰することができない事由＊により出頭しないときを除いて，裁判所は訴えを却下しなければならない（民執90条3項（188条，121条・189条（民執規84条・175条），民執142条2項・192条，166条2項・193条2項，民執規97条（98条・98条の2）・176条2項・177条・177条の2））。これは，配当手続における異議の完結を可及的速やかにさせ，配当を迅速になさしめる趣旨のものである（深沢＝園部「執行の実務(上)〔補訂〕」749頁）。

> ＊　東京高判昭60・6・3判タ566号154頁・判時1158号208頁（訴訟代理人の急病は責めに帰し得ない事由に当たらない。）

　却下の判決が確定したときは，債権者は当該判決が確定したことを証する文書を提出して配当額の交付を受ける（深沢＝園部「執行の実務(上)〔補訂〕」749頁）。
　配当異議訴訟の第1審の最初の口頭弁論期日に原告，被告が共に出頭しないときは，裁判所は，民事訴訟法263条の訴え取下げの擬制によることなく，民事執行法90条3項（188条，121条・189条（民執規84条・175条），民執142条2項・192条，166条2項・193条2項，民執規97条（98条・98条の2）・176条2項・177

条・177条の2で準用）を適用して訴え却下をすることになる（横浜地判昭59・5・28判タ537号165頁）（中野＝下村「民執法」556頁，深沢＝園部「執行の実務(上)〔補訂〕」749頁）。

Ⅱ 配当異議訴訟における判決の内容

1 配当異議訴訟の訴え却下判決

　原告適格を欠くとき（本章**第4節第3**Ⅰ（57頁）参照），訴えの利益を欠くとき（本章**第4節第5**（61頁）参照）及び訴えが訴訟要件を欠いているときは訴え却下の判決をする（「執行関係訴訟諸問題」263頁，内田「執行関係訴訟理論と実務」150頁，深沢＝園部「執行の実務(上)〔補訂〕」749頁）。

　配当異議の申出が適法にされていないこと，配当異議申出権がない者による配当異議の申出に基づいて配当異議の訴えが提起されたこと，起訴証明の不提出等の訴訟要件の欠缺に対しては，訴え却下の判決をすることになる（内田「執行関係訴訟理論と実務」147頁(1)）。配当異議の申出は，配当期日後配当異議訴訟終了まで取り下げることができ（「注釈民執法4」324頁），当該取下げがあったときは，配当異議訴訟の原告は当事者適格を失い，配当異議の訴えは不適法となり，訴え却下となる（「執行関係訴訟諸問題」235頁）。

2 配当異議訴訟の請求棄却判決

　原告の配当異議の理由がないとき（配当表の変更又は取消しを求める請求に理由がないとき）は，請求棄却の判決をする（「執行関係訴訟諸問題」263頁，深沢＝園部「執行の実務(上)〔補訂〕」749頁）。

3 配当異議訴訟の請求認容判決

(1) 請求認容判決主文

　原告の配当異議事由に理由がある場合には，認容判決をし，主文で配当表

第5節　配当異議訴訟の終了
第1　配当異議訴訟の判決

中の係争部分を変更し，又は新たな配当表の調整のために配当表を取り消すことになる（民執90条4項（188条，121条・189条（民執規84条・175条），民執142条2項・192条，166条2項・193条2項，民執規97条（98条・98条の2）・176条2項・177条・177条の2））。

　債権者からの配当異議の訴えの認容判決の主文は，当事者間における係争配当額の帰属を当初の配当表から変更することになる。これに対し，債務者からの配当異議の訴えの認容判決では，当初の配当表の係争配当額の是正のために，被告の順位や債権額を定め，執行裁判所による配当表の変更が予定されており，判決主文では，単に従来の配当表の係争部分を取り消す旨を宣言するにとどまることになる（「執行関係訴訟諸問題」264頁・265頁，内田「執行関係訴訟理論と実務」150頁・151頁）。

(2)　債権者による配当異議の訴えの場合の請求認容判決の内容
ア　配当表変更の方法
(ア)　当事者である原告債権者と被告債権者の間での配当表の変更

　債権者によって提起された配当異議の訴えの判決の効力は，当事者である原告債権者と被告債権者の間で相対的に生じ，他の債権者の配当額に影響を及ぼさない（民事執行法92条2項の反対解釈）。そうすると，配当異議の訴えで争いになった被告に対する配当額は，原告の債権額に満つるまで，原告の配当額にそのまま付け加えられると解される（最判昭40・4・30民集19巻3号782頁・判時409号28頁）（「注釈民執法4」343頁，「注解民執法(3)」410頁，中野＝下村「民執法」559頁，内田「執行関係訴訟理論と実務」151頁）。

(イ)　原告債権者への債権額に満つるまでの配当後の剰余金の帰属先

　被告への当初の配当額を原告への債権額に満つるまで加えた結果，剰余が生じた場合の取扱いが問題となる。これについては，債権者間の配当異議の訴えは，債権者間における配当の分配という配当関係の調整であり，その結果，被告に対する配当に対して何ら異議の申出をしていない債務者の利益に帰するのは筋が通らないとして，被告である債権者の配当額にとどめるべきであるとする説もある（「注解民執法(3)」411頁，「執行関係訴訟諸問題」267頁，中

野＝下村「民執法」560頁）。しかし，訴訟手続での審理を経たうえで係争配当額について配当受領資格がないとされた被告に剰余分を帰属させるのは相当ではなく，配当残である剰余額は，異議を述べなかった債権者のための共同の責任財産という意味で，債務者に帰属させた方が公平かつ妥当であると考えられるので，配当残である剰余額は債務者に返還すべきである（最判昭40・4・30民集19巻3号782頁・判時409号28頁）（内田「執行関係訴訟理論と実務」151頁・152頁）。

イ　債権者が提起した複数の配当異議の訴えが係属する場合

債権者の提起した複数の配当異議の訴えが係属し，弁論の併合がされなかった場合，それぞれについて認容判決が確定したときは，執行裁判所は，その数個の訴えの判決を調整して新たな配当表を作成しなければならない。そのため，各訴えの受訴裁判所は，判決理由中で異議を認容する限度を明らかにし，主文においては配当表を取り消すにとどめることになる（田中「新民執法の解説〈増補改訂版〉」235頁，「注釈民執法4」341頁，「新基本法コンメ民執法」274頁，内田「執行関係訴訟理論と実務」152頁）。ただ，これに基づく新たな配当額の調整は困難になることも考えられ，実務的には，債権者が提起した数個の訴えが係属した場合は，できる限り弁論を併合して審理・判決をすることが望ましいといえる（「注釈民執法4」344頁，「執行関係訴訟諸問題」257頁・258頁・265頁，中野＝下村「民執法」561頁，内田「執行関係訴訟理論と実務」145頁・152頁・153頁）。

　＊　債権者からの配当異議の訴えの競合→**本章第4節第4Ⅰ**（60頁）参照
　＊　債権者及び債務者・所有者からの配当異議の訴えの認容判決が競合する場合→本章本節**第1Ⅲ4**（86頁）参照

(3)　債務者による配当異議の訴えの場合の請求認容判決の内容

債務者による配当異議の訴えで債務者が勝訴判決を得た場合，その判決は絶対的効力を有する。そして，執行裁判所は，配当異議の申出をしなかった債権者のためにも配当表を変更しなければならない（民執92条2項（188条，121条・189条（民執規84条・175条），民執142条2項・192条，166条2項・193条2項，民執規97条（98条・98条の2）・176条2項・177条・177条の2））。そのため，債務

者による配当異議の訴え認容判決では，第三者である他の債権者の受けるべき配当額を定めることはできず，配当表における被告の配当額を取り消すにとどめることになる（田中「新民執法の解説〈増補改訂版〉」235頁，「注釈民執法4」341頁，「執行関係訴訟諸問題」265頁，中野＝下村「民執法」559頁，内田「執行関係訴訟理論と実務」153頁3）。

(4) 債務者からの配当異議の訴えと債権者からの配当異議の訴えが併合された場合の請求認容判決

同一の被告債権者に対し，債務者からの配当異議の訴えと債権者からの配当異議の訴えが競合し，併合審理をし，双方を認容する場合は，配当表調整のため配当表における被告の配当額を取り消すべきである（「執行関係訴訟諸問題」265頁）。

(5) 配当異議の請求認容判決に対する仮執行宣言

配当異議を認容する判決には，仮執行宣言（民訴259条）を付することはできない。これは，配当異議の訴えの目的が，配当表上の争いにつき訴訟による解決（形成）を求めるものであり，その目的に照らし，配当表の変更を仮定的に生じさせることが不適当であるばかりでなく，配当異議により供託された金銭について供託事由が消滅した（民執92条1項（188条，121条・189条（民執規84条・175条），民執142条2項・192条，166条2項・193条2項，民執規97条（98条・98条の2）・176条2項・177条・177条の2））ものとして配当を実施すると原状回復が困難であることから，供託事由の消滅とは，配当異議の申出の取下げ又は配当異議の訴えの確定と考えるべきだからである（「注釈民執法4」342頁，「注解民執法(3)」408頁，中野＝下村「民執法」558頁(a)，「執行関係訴訟諸問題」280頁，内田「執行関係訴訟理論と実務」153頁4，深沢＝園部「執行の実務(上)〔補訂〕」750頁）。

Ⅲ　配当異議訴訟の判決の効力

1　配当異議訴訟の訴え却下又は請求棄却判決の効力

　訴え却下又は請求棄却の判決が確定した場合，あるいは訴え取下げ又は請求放棄があった場合には，執行裁判所は，その確定判決正本等の提出を受けて，係争配当額につき当初の配当表どおりの配当を実施する（民執92条1項（188条，121条・189条（民執規84条・175条），民執142条2項・192条，166条2項・193条2項，民執規97条（98条・98条の2）・176条2項・177条・177条の2））（中野＝下村「民執法」560頁(ア)，内田「執行関係訴訟理論と実務」150頁）。
　請求棄却判決により，配当表の変更を求める形式的要件の存否について既判力が生じ，訴訟の目的となった配当分の帰属は，当事者間においては適法なものとされる。それにより，各債権者の実体的請求権の存否について既判力が生ずるものではない（「執行関係訴訟諸問題」263頁）。

2　債権者提起の配当異議の訴えの認容判決の効力

　債権者が原告として他の債権者に対して提起した配当異議の訴えは，実質は債権者間の配当額の争いにすぎないから，勝訴判決による配当表の変更は，原告・被告となった債権者の間でのみ配当額が変動するものである。すなわち，被告の債権が存在しない場合においても，原告の債権全額の弁済が認められる限度で配当表を変更すれば足りる。ただ，それによって剰余が生じた場合は，債務者（所有者）が配当異議の申出をしていないときでも，剰余金を債務者（所有者）に返還すべきである（最判昭40・4・30民集19巻3号782頁・判時409号28頁）（本章本節第1 Ⅱ 3 (2)ア（81頁）参照）。

第5節　配当異議訴訟の終了
第1　配当異議訴訟の判決

◆例1◆
- 売却代金1500万円
- 一般債権者　甲，乙，丙―各1000万円の債権
- 配当額　甲，乙，丙―各500万円
- 債権者甲が，債権者乙の債権は不存在であると主張して配当異議の申出
- 配当異議訴訟→甲の請求全部認容
- 異議判決後の配当→甲―1000万円，乙―0円，丙―500万円

◆例2◆
- 売却代金2000万円
- 1番抵当権者甲の被担保債権1000万円，差押債権者乙の債権1500万円
- 配当額　甲―1000万円，乙―1000万円
- 差押債権者乙が，抵当権者甲の債権は不存在であると主張して配当異議の申出
- 配当異議訴訟→乙の請求全部認容
- 異議判決後の配当→乙―1500円，残500万円→債務者（所有者）に返還

　例えば，1番，2番，3番の抵当権があり，配当期日において，そのうちの1番抵当権にのみ配当がされたのに対し，3番抵当権者が，1番抵当権は消滅していることを理由に配当異議の訴えを提起し，その請求が認容されたときは，1番抵当権者に配当されていた額は3番抵当権者に配当される判決がなされる。相対的に効力を生ずる以上2番抵当権者が配当異議の申出を怠ったことによる不利益を受けることはやむを得ない（深沢＝園部「執行の実務(上)〔補訂〕」751頁・752頁）。

❸ 〈債務者，所有者〉提起の配当異議の訴えの認容判決の効力

　債務者，所有者が配当異議の訴え又は請求異議の訴えを提起して勝訴したときは，実質は，債務不存在確認の訴え又は担保権不存在確認の訴えによる判決があったと同様であるから，その判決には，絶対的効力が認められるので，裁判所は，配当異議の申出をしなかった債権者のためにも配当手続をやり直す旨の判決をすることになる（「注釈民執法4」327頁，深沢＝園部「執行の実務(上)〔補訂〕」752頁(2)）。

❹ 債権者及び債務者・所有者からの配当異議の訴えの認容判決が競合する場合

　債権者と債務者・所有者からの配当異議の訴えが競合する場合，債権者の提起する訴訟の判決の相対的効力と債務者・所有者の提起する訴訟の判決の絶対的効力をどう調整するかが問題となる。競合する配当異議訴訟の弁論を併合しても，必要的共同訴訟の関係にはならないから，判決の効力はそれぞれ別個に生ずることになる。執行裁判所は，追加配当における新配当表の作成に際し，効果の相違する複数判決の内容を一括統合して処理する必要があるから，係属する配当異議訴訟（請求異議訴訟も同じ）が複数あるときは，全部の判決正本の提出を待って処理する必要がある。そして，債権者相互間の相対効のある判決と債務者（所有者）と債権者間の絶対効のある判決が出たときは，絶対効のある判決によって処理するのが相当である（田中「新民執法の解説〈増補改訂版〉」237頁・238頁，「注釈民執法4」344頁，佐藤歳二・判タ708号49頁，深沢＝園部「執行の実務(上)〔補訂〕」752頁(3)）。

　＊　配当異議訴訟における共同訴訟→本章**第4節第4**（60頁）参照
　＊　債権者が提起した複数の配当異議の訴えが係属する場合→本章本節**第1** Ⅱ **❸**(2)イ（82頁）参照

5 配当異議の訴えで勝訴した原告に対する同訴訟の被告の不当利得返還請求訴訟

　配当異議の訴えの法的性質について形成訴訟説に従い（本章**第2節**（49頁）参照），配当異議の訴えの訴訟物を，配当表における配当額の記載と実体法・手続法上のあるべき配当状態との不一致の主張と解すれば，当該不一致の存否について既判力が生じ，配当異議の訴えで勝訴した原告に対し，同訴訟の被告が後訴として不当利得返還請求訴訟を提起した場合，前記不一致の存在という前訴である配当異議訴訟での判断内容と矛盾するものと考えられ，既判力によって当該不当利得返還請求訴訟は排斥されることになると解される（「注解民執法(3)」413頁，中野＝下村「民執法」574頁(27)，内田「執行関係訴訟理論と実務」154頁）。

> 　内田「執行関係訴訟理論と実務」154頁は，「仮に，既判力が及ばないとしても，訴訟上の信義則の観点から後訴の不当利得返還請求訴訟を遮断することも可能であろう。」とする。

第2　配当異議訴訟における和解，請求の放棄・認諾

　配当異議の訴えについて，形成訴訟説の立場による場合（本章**第2節**（49頁）参照），訴訟上の和解をすることが可能かにつき問題が残るが，すべての債権者間において配当期日において配当の順位，額について合意が成立すれば，執行裁判所は，その合意に従い配当を実施する（民執85条1項ただし書（188条，121条・189条（民執規84条・175条），民執142条2項・192条，166条2項・193条2項，民執規97条（98条・98条の2）・176条2項・177条・177条の2））とされていることからすると，配当異議訴訟においても，訴訟上の和解によって終了することが可能であると解される（旧法につき宮脇「強制執行法（各論）」487頁，

民執法につき「注釈民執法4」344頁・345頁,「注解民執法(3)」403頁・404頁,内田「執行関係訴訟理論と実務」155頁)。和解をする場合の対象となるのは,係争配当額に限られる。

配当異議訴訟の性質を形成訴訟と解すると,債権者提起の配当異議訴訟における和解においては,配当表を取消しする内容の合意はできないので,原告債権者の請求を認容する形での和解では,「配当表を変更する」との表現は避け,債権者間で配当受領額につき合意するか,あるいは,当事者双方において配当額は配当表のとおりであることを確認したうえで別途解決金の形で金銭給付を合意する形をとるのが妥当である(「民実講義案Ⅰ(五訂版)」301頁・302頁,「和解条項実証的研究〔補訂版〕」158頁〔注〕,園部「〔改訂〕和解論点整理ノート」286頁,内田「執行関係訴訟理論と実務」155頁)。

債権者からの配当異議の訴えの場合の和解の対象は,異議ある配当部分に限り,原告債権者の請求債権又は被担保債権に見合った配当額を超える配当をすることを内容とする和解は許されないと解される(「執行関係訴訟諸問題」262頁,内田「執行関係訴訟理論と実務」155頁・156頁)。

債務者(担保不動産競売においては「所有者」を含む。)が提起する配当異議の訴えには絶対的効力がある(民執92条2項(188条,121条・189条(民執規84条・175条),民執142条2項・192条,166条2項・193条2項,民執規97条(98条・98条の2)・176条2項・177条・177条の2))が,被告以外の債権者は,追加配当という反射的利益を得るにすぎないので,和解に参加させる必要はない(「民実講義案Ⅰ(五訂版)」302頁,内田「執行関係訴訟理論と実務」155頁55,園部「〔改訂〕和解論点整理ノート」287頁)。和解の内容としては,請求異議の訴えになる場合(民執90条5項(188条,121条・189条(民執規84条・175条),民執142条2項・192条,166条2項・193条2項,民執規97条(98条・98条の2)・176条2項・177条・177条の2))でも配当異議の訴えになる場合(民執90条1項(188条,121条・189条(民執規84条・175条),民執142条2項・192条,166条2項・193条2項,民執規97条(98条・98条の2)・176条2項・177条・177条の2))でも,異議ある配当額の分配についての和解になる(「民実講義案Ⅰ(五訂版)」302頁,園部「〔改訂〕和解論点整理

ノート」287頁)。

　放棄・認諾についても可能と解される(「注釈民執法4」345頁,「注解民執法(3)」403頁・404頁,「執行関係訴訟諸問題」263頁,中野=下村「民執法」558頁,内田「執行関係訴訟理論と実務」156頁第9)。

　和解成立の場合又は放棄・認諾がなされたときは,債権者は,その調書の正本・謄本を執行裁判所に提出して配当を受けるべき金額を請求することになる(深沢=園部「執行の実務(上)〔補訂〕」753頁8)。債務者提起の配当異議訴訟等において,被告債権者の配当額についてその受領権がない旨の確認をする和解が成立したような場合は,追加配当の手続が行われることになる(そのような和解においても,他の債権者を和解に参加させる必要はない。)(「注解民執法(3)」407頁,園部「〔改訂〕和解論点整理ノート」288頁)。

第3　配当異議訴訟における取下げ,取下げ擬制

　配当異議の訴えが取り下げられたとき,又は当事者双方が第2回以降の口頭弁論期日等に出頭しないか,出頭しても弁論等をしないで退廷等して,1か月以内に期日指定の申立てをしないか,もしくは,当事者双方が連続して2回口頭弁論期日等に出頭しないか,出頭しても弁論等をしないで退廷等して,訴訟が取り下げられたとみなされたとき(民訴263条)は,元の配当表は確定するので,債権者は,訴訟裁判所から取下げ又は取下げ擬制を証する書面を得て,これを執行裁判所に提出して配当額の請求をすることになる(深沢=園部「執行の実務(上)〔補訂〕」753頁9)。

第4　配当異議訴訟終了後の供託金の支払委託・追加配当

　配当異議訴訟において,原告の請求を棄却する判決があり,その判決が確定したときは,元の配当表が確定するので,被告となった債権者は,当該判

決正本と確定証明書を執行裁判所に提出すれば，裁判所書記官は，供託した配当額の支払委託の手続をとることになる（深沢＝園部「執行の実務(上)〔補訂〕」752頁）。

　配当異議訴訟で，原告が請求が認容された場合は，判決正本に基づいて配当を実施し，あるいは配当表を変更し，配当表の作成を命じられたときは，判決の理由に従って配当表を作成して追加配当を実施することになる（深沢＝園部「執行の実務(上)〔補訂〕」753頁）。

第5　配当終了後の不当利得返還請求

　配当期日において配当異議の申出がなされなかった場合，配当異議の申出はしたが起訴期間を経過して申出が取下げとなった場合（民執90条6項・188条），又は配当異議の訴えが却下された場合，当初の配当表による配当が実施されることになるが，その後，その配当の結果が真実の権利関係と異なるとして，不当利得返還請求をすることができるかが問題となる。

Ⅰ　配当終了後の〈債務者，所有者〉からの不当利得返還請求

　債務者（所有者）は，配当期日において債権の範囲を争って配当異議の申出をすることをしなかったような場合でも，当該債権の範囲が実体的に確定するものではないことなどから，債務者（所有者）は，債務名義の既判力等に妨げられない限り，不当利得返還請求訴訟において債権の範囲を争うことができると解される（「注釈民執法4」388頁，「注解民執法(3)」388頁，「執行関係訴訟諸問題」293頁，中野＝下村「民執法」564頁，内田「執行関係訴訟理論と実務」157頁2)。そして，配当期日での債務の弁済は，債務者（所有者）が任意にしたものではないから，債務者（所有者）がその当時債権の不存在を知っていたとしても，民法705条の非債弁済不返還の規定の適用はないと解される（東京

高判平7・11・16判時1605号52頁（抵当権者に対する不当利得返還請求））（深沢＝園部「執行の実務(上)〔補訂〕」720頁・725頁・726頁）。

> 📖 最判昭63・7・1民集42巻6号477頁・判タ675号122頁・判時1286号57頁（不存在の抵当権の実行により不動産の所有権を喪失した物上保証人（所有者）の、売却代金から弁済金交付を受けた当該債権者に対する不当利得返還請求を認めた。）

Ⅱ 配当終了後の債権者からの不当利得返還請求

1 配当終了後の一般債権者からの不当利得返還請求

一般債権者は執行目的物の交換価値（配当原資）に対して実体法上の権利を有するものではないから、他の債権者より割合的に少ない配当を受けたからといって損失があるとはいえず、一般債権者からの不当利得返還請求権は認められない（最判平10・3・26民集52巻2号513頁・判タ972号126頁・判時1638号79頁）（東京地裁「改訂不動産執行の理論と実務(下)」636頁・637頁、東京地裁「民事執行の実務【3版】不動産(下)」276頁・277頁、「執行関係訴訟諸問題」294頁・295頁、深沢＝園部「執行の実務(上)〔補訂〕」724頁・725頁、内田「執行関係訴訟理論と実務」158頁）。

2 配当終了後の抵当権者からの不当利得返還請求

抵当権者については、執行目的財産の交換価値を実体法上把握しており、配当の結果、その実体法上の優先権が侵害されたときは、不当利得の返還を請求することができると解すべきである（最判平3・3・22民集45巻3号322頁・判タ755号110頁・判時1380号90頁）（東京地裁「改訂不動産執行の理論と実務(下)」636頁・637頁、東京地裁「民事執行の実務【3版】不動産(下)」276～278頁、「執行関係訴訟

諸問題」295頁，深沢＝園部「執行の実務(上)〔補訂〕」724頁・725頁，内田「執行関係訴訟理論と実務」157頁・158頁）。

> 📖 大阪高判平16・9・2金法1732号54頁（抵当権の被担保債権の一部の担保権実行としての競売においては，売却により抵当権は消滅し，当該抵当権者は，後順位者に対する優先弁済権を黙示的に放棄したものとして，残部の被担保債権の優先弁済権を喪失し，その効果は，当該競売手続における配当にとどまらず，当該優先弁済権に基づく不当利得返還請求も許されないとした。）

❸ 配当終了後の一般先取特権者からの不当利得返還請求

登記をした一般の先取特権者は抵当権者と同様に考えてよいと思われる。判例が抵当権者と一般債権者とで結論を異にする根拠は，目的不動産である特定財産に対して実体法上の権利を有しているかどうかにあると思われるので，未登記の一般先取特権者からの不当利得返還請求は否定されると思われる（東京地裁「民事執行の実務【3版】不動産(下)」278頁(1)，「執行関係訴訟諸問題」295頁，園部「〔三訂〕不動産競売マニュアル（売却・配当）」248頁(2)）。

❹ 配当終了後の交付要求債権者からの不当利得返還請求

租税債権は，私債権その他の債権に対して原則的に優先権を有するが，その優先権は，納税者の総財産上に成り立つものであり，前記❶・❷の判例の考え方からすれば，交付要求債権者についても，基本的には未登記の一般先取特権者と同様に考えられると思われる（東京地裁「民事執行の実務【3版】不動産(下)」278頁(2)，園部「〔三訂〕不動産競売マニュアル（売却・配当）」248頁(3)）。

第3章

第三者異議の訴え

第1節　第三者異議の訴えの意義及び適用範囲

第1　第三者異議の訴えの意義

　強制執行は，債務者の責任財産に対してのみ行われるべきである。強制執行においては，その迅速性の要請から，財産が債務者の責任財産に属するとの一定の外観※があれば執行することができるとしている。その結果，債務者の責任財産に属さない第三者の財産上の権利に対して執行が行われる事態が発生することがある。このような執行は，執行法上は違法ではないが，実体的には不当な執行であり，このような権利侵害を受けた第三者が当該不当な執行を排除するための機会を設けたのが第三者異議の訴えである（「執行関係訴訟諸問題」138頁第一，内田「執行関係訴訟理論と実務」9頁3・88頁1）。

> ※　この場合の外観とは，不動産執行の場合は登記記録の記載，動産執行の場合は債務者による占有（所持）の事実，債権その他の財産権に対する執行の場合は債権者による特定主張によることになる（内田「執行関係訴訟理論と実務」88頁1）。

第2　第三者異議の訴えの適用範囲

　第三者異議の訴えの目的が，債権者による不当な執行を排除し，第三者の実体的権利ないし法的利益が害される危険を排除することにあることから，この第三者異議の訴えは，債務名義に基づく強制執行（民執38条）だけでは

なく，担保権の実行（民執194条（38条）），形式的競売（民執195条（194条（38条）））及び保全執行（民保46条（民執38条））にも準用されている（「執行関係訴訟諸問題」199頁一，内田「執行関係訴訟理論と実務」9頁4・89頁2）。

第2節　第三者異議の訴えの法的性質

　第三者異議の訴えの法的性質については，以下の各説があるが，形成訴訟説が実務の大勢である（「執行関係訴訟諸問題」139頁第三，内田「執行関係訴訟理論と実務」89頁第2，深沢＝園部「執行の実務(下)〔補訂〕」647頁1）。

㋐　形成訴訟説

　　強制執行の目的物について所有権その他目的物の譲渡又は引渡しを妨げる権利を主張し，執行機関が執行の要件に従ってした執行処分を，判決によって不適法として排除することを目的とする形成の訴えであり，訴訟物は執行法上の異議権である（最判昭38・11・28民集17巻11号1554頁，最判昭49・9・30判時760号59頁・集民112号827頁）。

㋑　確認訴訟説

　①　訴訟法上の確認訴訟説

　　　具体的執行処分の目的物に関する責任の不存在の確認を目的とする訴え又は現に行われている執行が違法であるという執行法上の効果の確認を求める訴えである。

　②　実体法上の確認訴訟説

　　　執行の目的物が執行債権の満足の資料に充てられる責任財産に属していないことの消極的確認とこれが第三者の執行を妨げる権利に起因する場合はその権利の積極的確認を求める訴えである。

㋒　給付訴訟説

　①　消極的給付訴訟説

　　　第三者が，執行の目的物に対する自己の所有権又はその他の権利の存

在の確認を求めると同時に，債権者に対し執行をしてはならないという消極的給付を求める訴えである。
　②　積極的給付訴訟説
　　執行機関をして不当執行をなさしめた執行債権者に対する，第三者の執行排除を求める給付訴訟である。
(エ)　救済訴訟説
　　執行の引当てとなるべき財産でないことを確認する機能と，外見的徴表に立脚して適法に行われてきた執行を排除する形成作用を伴う訴えであって，救済訴訟というべき新しい類型の訴えである。
(オ)　命令訴訟説
　　執行の目的物をめぐる第三者と執行債権者の実体的権利関係を確定するとともに，その確定の結果を，執行担当機関に向けてこれを義務づける形で指示，宣言する命令判決を求める訴えである。
(カ)　新形成訴訟説
　　特定の債務名義につき特定の財産に対する執行不許を宣言する判決を求める形成の訴えであり，請求認容判決の確定により，債務名義の執行力は執行対象とされた特定の財産に対する限りで排除され，この特定の財産につき債務名義の執行力の対象性排除を求め得る地位にあるとの第三者の法的主張が第三者異議の訴えの訴訟物である。

第3節　第三者異議の訴えの異議の原因

第1　総　説

　強制執行の目的物について所有権その他目的物の譲渡又は引渡しを妨げる権利を有する第三者は，債務者に対し，その強制執行の不許を求めるために，第三者異議の訴えを提起することができるとされている（民執38条1項）。この「所有権その他目的物の譲渡又は引渡しを妨げる権利」とは，債務者が執行の目的物を譲り渡したならば，その物について正当な権利を有する第三者に対して違法となる場合を意味すると解されている（「執行関係訴訟諸問題」147頁一，内田「執行関係訴訟理論と実務」93頁1，深沢＝園部「執行の実務(下)〔補訂〕」656頁）。

第2　第三者異議の訴えにおける第三者の対抗要件具備の要否

I　第三者の対抗要件具備の要否——差押債権者の第三者該当性

　第三者が，執行債権者に対して「譲渡又は引渡しを妨げる権利」を主張して第三者異議の訴えを提起するには，対抗要件を具備していることを要するかが問題となる。これは，民法177条の「第三者」に差押債権者が含まれるかという問題である。これについて，判例は，差押債権者はこの「第三者」

に該当するとしている（大判大8・12・8民録25輯2250頁，大判大10・10・29民録27輯1760頁等）。したがって，第三者異議の訴えを提起する者は，不動産が目的物の場合は登記が，動産が目的物の場合は引渡しが，それぞれ必要となる。執行債権者が登記の欠缺を主張することのできないいわゆる背信的悪意者の場合は，登記なくして第三者異議の訴えを提起することができる（「執行関係訴訟諸問題」147頁1，内田「執行関係訴訟理論と実務」94頁(1)，深沢＝園部「執行の実務(下)〔補訂〕」656頁・657頁）。

Ⅱ　第三者が仮登記を有する者の場合

　執行目的不動産について，所有権に関する仮登記を有する第三者は，本登記をするための実体要件を具備すれば，第三者異議の訴えを提起することができるのかが問題となる。

　これについては，㋐消極説（第三者異議の訴えを否定する説（吉野衛・判例評論79号（判時404号）71頁，小島武司・判タ177号164頁，「執行関係訴訟諸問題」153頁㈠・155頁）），㋑制限付積極説（①執行債権者に対する本登記承諾請求を併合する場合に限って第三者異議の訴えを提起できるとする説（大久保敏雄・判タ157号25頁），②本登記義務者及び本登記を承諾しない利害関係人全員を被告とする本登記請求と本登記承諾請求を併合する場合に限って第三者異議の訴えを提起できるとする説（菊井「強制執行法（総論）」262頁）），㋒純積極説（仮登記権利者が実体上所有権を取得していれば第三者異議の訴えを提起できるとする説（東京高判昭57・11・30高民集35巻3号220頁・判タ502号107頁・判時1064号59頁）（中野＝下村「民執法」283頁，内田「執行関係訴訟理論と実務」95頁・96頁，深沢＝園部「執行の実務(下)〔補訂〕」658頁））がある（「執行関係訴訟諸問題」153頁2・3）。これについては，仮登記を有する者が第三者異議の訴えを提起できるかどうかは，仮登記の対抗力の問題ではなく，差押債権者に対し本登記欠缺を主張することができるかの問題であり，仮登記権利者が実体上所有権を取得していれば，第三者異議の訴えを提起することができる（純積極説）と解すべきではないかと思われる。

Ⅲ　権利能力なき社団・財団所有不動産についての第三者異議の訴え

　権利能力なき社団・財団の所有不動産については，社団・財団を権利者として登記することも，社団・財団の代表者の肩書付きの代表者名義の登記も認められておらず，代表者個人等の名義の登記しか許されていない。そのため，代表者個人等の名義で登記された権利能力なき社団・財団の所有する不動産が，当該代表者等の債権者によって差し押さえられた場合，権利能力なき社団・財団は第三者異議の訴えを提起して執行を排除することができるかが問題となる。

　これについては，登記の外観を信頼した差押債権者を保護すべきであるとして，権利能力なき社団・財団による第三者異議の訴えを認めない消極説もある。しかし，権利能力なき社団・財団は，不動産登記上やむを得ず代表者個人等の名義で登記をせざるを得ないことを考慮すると，登記の外観を信頼した差押債権者を害することにはなるが，少なくとも第三者異議の訴えに関しては積極に解するのが相当である（「執行関係訴訟諸問題」148頁・149頁，内田「執行関係訴訟理論と実務」96頁(3)，深沢＝園部「執行の実務(下)〔補訂〕」658頁）。

第3　第三者異議の訴えにおける所有権の主張

Ⅰ　所有権を失う場合，所有者として権利行使が事実上妨げられる場合

　これは，第三者が，執行目的物の所有権を主張する場合である。これには，不動産における登記の具備や動産における即時取得（民192条）のように執行による譲渡・引渡しによって第三者が所有権を失う場合に限らず，所有者として権利行使が事実上妨げられる場合を含む。これに対し，所有者の権利行

使が害されない場合は，所有権は異議の原因とならない。例えば，土地の所有権に基づく建物収去土地明渡しの執行が開始された場合の当該土地の真実の所有者は，当該土地の所有権を害されるわけではないから，第三者異議の訴えを提起することはできない（東京高判昭52・2・22下民集28巻1～4号78頁・判タ354号265頁・判時850号24頁）（「執行関係訴訟諸問題」149頁三，内田「執行関係訴訟理論と実務」97頁(1)，深沢＝園部「執行の実務(下)〔補訂〕」657頁）。

Ⅱ　共有の場合

共有者の一部に対する債務名義に基づき共有物全体に対してなされた強制執行については，他の共有者は，単独で第三者異議の訴えを提起することができる（東京高判昭52・2・22下民集28巻1～4号78頁）（「執行関係訴訟諸問題」155頁七，内田「執行関係訴訟理論と実務」97頁，深沢＝園部「執行の実務(下)〔補訂〕」658頁(2)）。

Ⅲ　債権等の帰属の問題──誤振込みの問題

債権その他の財産権の自己への帰属又は準共有を主張する第三者は，所有権に準じて，第三者異議の訴えを提起できるとされている（「執行関係訴訟諸問題」155頁八，内田「執行関係訴訟理論と実務」98頁）。

これに関連して，誤って振り込みをした振込依頼人が，受取人口座について差押えを行った受取人の債権者に対して，第三者異議の訴えを提起できるかが問題となった事例で，最高裁は，振込みは，銀行間及び銀行店舗間の送金手続を通して安全，安価，迅速に資金を移動する手段であって，多数かつ多額の資金移動を円滑に処理するため，その仲介に当たる銀行が各資金移動の原因となる法律関係の存否，内容等を関知することなくこれを遂行する仕組みがとられていることを理由に，振込依頼人から受取人の銀行の普通預金口座に振込みがあったときは，振込依頼人と受取人との間に振込みの原因と

なる法律関係が存在するか否かにかかわらず，受取人と銀行との間に振込金相当の普通預金契約が成立し，受取人が銀行に対して当該金額相当の普通預金債権を取得するものと解するのが相当であるとして，第三者異議の訴えを提起することはできないとした（最判平8・4・26民集50巻5号1267頁・判タ910号80頁・判時1567号89頁）。これについては，反対説も有力である（中野＝下村「民執法」305頁注3，内田「執行関係訴訟理論と実務」98頁）。

第4　第三者異議の訴えにおける占有権の主張

　第三者の占有する動産に対する差押えは，当該第三者が提出を拒んだ場合には差し押さえることはできない（民執124条）。そのため，第三者の占有する動産を当該第三者の承諾なく差し押さえた場合には，当該第三者は，占有侵害を理由として第三者異議の訴えを提起することができる（大判昭6・3・31民集10巻150頁，最判昭47・3・24判時665号56頁・集民105号333頁）（「執行関係訴訟諸問題」156頁・158頁，内田「執行関係訴訟理論と実務」99頁，深沢＝園部「執行の実務(下)〔補訂〕」659頁）。また，不動産の強制管理・担保不動産収益執行についても，占有権の行使が妨げられることになるので，目的物の占有者は第三者異議の訴えを提起できると解される（「執行関係訴訟諸問題」158頁，内田「執行関係訴訟理論と実務」99頁，深沢＝園部「執行の実務(下)〔補訂〕」659頁・600頁）。

> ☞　第三者異議訴訟の被告である差押債権者は，抗弁として，同訴訟の原告である占有者に執行による占有侵害を受忍すべき「本権に関する事由」があることを主張立証し得ると解される（中野＝下村「民執法」285頁，内田「執行関係訴訟理論と実務」99頁）。

　これに対し，不動産の強制競売・担保不動産競売は，目的物の占有とは無関係に行われるため，目的物の占有者は第三者異議の訴えを提起することはできない（「執行関係訴訟諸問題」158頁，内田「執行関係訴訟理論と実務」99頁・100頁，深沢＝園部「執行の実務(下)〔補訂〕」659頁）。

第5 第三者異議の訴えにおける用益物権及び対抗力ある賃借権の主張

　不動産に対する強制管理・担保不動産収益執行においては，目的物に地上権・永小作権等の用益物権や対抗力ある賃借権が存する場合は，これらの者を給付義務者として執行が実施されるにすぎないので，用益物権及び対抗力ある賃借権が異議原因になることはないと解される（「執行関係訴訟諸問題」159頁，内田「執行関係訴訟理論と実務」100頁）。

　不動産の強制競売・担保不動産競売については，目的物の占有使用が妨げられず（民執46条2項・188条），差押債権者に対抗できるものは存続し，対抗できるものは売却によって消滅するから（民執59条1項・2項・188条），第三者異議の訴えは認められない（「執行関係訴訟諸問題」159頁，内田「執行関係訴訟理論と実務」100頁，深沢＝園部「執行の実務(下)〔補訂〕」660頁）。

第6 第三者異議の訴えにおける抵当権・先取特権の主張

　抵当権・先取特権は，目的物の占有使用権を有しないから，目的物件に対する他の債権者の執行につき第三者異議の訴えを提起することはできない。ただ，他の債権者が，抵当権等の効力の及ぶ目的物件の付加一体物又は従物で，抵当権等の効力が及ぶものを差し押さえたときは，抵当権等の減損を生ずるから，第三者異議の訴えを提起することができる（最判昭44・3・28民集23巻3号699頁・判タ234号126頁・判時555号43頁）。個別の差押えが許容されない工場財団等の財団組成物件に対する差押えがされたときも，財団の担保価値を減損するので，第三者異議の訴えを提起することができる（「執行関係訴訟諸問題」161頁一三・162頁一四，中野＝下村「民執法」287頁(4)，内田「執行関係訴訟理論と実務」100頁・101頁，深沢＝園部「執行の実務(下)〔補訂〕」660頁・661頁）。

賃料不払いによる土地賃貸借契約解除を理由として賃借人に対する建物収去土地明渡しを認容した債務名義に基づく建物収去土地明渡しの強制執行に対し，目的建物の抵当権者は，当該賃貸借契約解除が有効になされていないとか，抵当権を侵害する目的で当該賃貸借契約を合意解除したことあるいはそれと同視できるときは，抵当権が違法に侵害されたとして，第三者異議の訴えを提起することができるとした裁判例がある（東京地判平3・9・26判時1435号93頁）（内田「執行関係訴訟理論と実務」101頁，深沢＝園部「執行の実務(下)〔補訂〕」661頁）。

第7　第三者異議の訴えにおける質権の主張

I　不動産質権の主張

使用・収益しない旨の定めがない場合は，目的物の占有・収益による執行（強制管理・担保不動産収益執行）に対しては，質権者による第三者異議の訴えは認められる。それ以外の場合（強制競売・担保不動産競売）は，質権者による第三者異議の訴えは認められない（「執行関係訴訟諸問題」159頁1，内田「執行関係訴訟理論と実務」101頁(1)）。

II　動産質権の主張

質権者が目的物の引渡しを執行官に対して拒否できない場合（先順位の質権者による担保権の実行等）は，当該質権者は第三者異議の訴えを提起することはできず，配当要求のみをなし得，第三者異議の訴えを提起することはできない（「執行関係訴訟諸問題」160頁(一)，内田「執行関係訴訟理論と実務」102頁）。

質権者が目的物件の引渡しを執行官に対し拒むことができる場合，質権者の承諾を得ないで差押えが行われたときは，第三者異議の訴えを提起することができるし，執行異議の申立てをすることもできる。質権者の承諾を得て

差押えが行われたときは，配当要求をすることができると解される（「執行関係訴訟諸問題」160頁㈡，内田「執行関係訴訟理論と実務」102頁）。

Ⅲ　債権質権の主張

債権質の債権者は，当該債権に対し差押命令が発せられた場合，自己の取立権能を侵害されるので，第三者異議の訴えを提起することができる（「注釈民執法5」525頁，「注解民執法⑴」672頁，「執行関係訴訟諸問題」160頁3）。

第8　第三者異議の訴えにおける留置権の主張

Ⅰ　不動産留置権の主張

目的物の占有・収益を伴う民事執行（強制管理・担保不動産収益執行）に対しては，留置権者は第三者異議の訴えを提起することができる（「執行関係訴訟諸問題」161頁1，内田「執行関係訴訟理論と実務」101頁⑴）。

Ⅱ　動産留置権の主張

留置権者の承諾を得ないで目的動産が差し押さえられた場合には，第三者異議の訴えを提起することもできるし，執行異議の申立てをすることもできる。これに対し，留置権者が目的動産を任意に引き渡して差押えが行われた場合には，留置権が引渡しによって効力を失うと解されるから，留置権者による第三者異議の訴えは認められないと解される（「執行関係訴訟諸問題」161頁2，内田「執行関係訴訟理論と実務」101頁⑵）。

第9　第三者異議の訴えにおける仮登記担保権の主張

第3節　第三者異議の訴えの異議の原因
第9　第三者異議の訴えにおける仮登記担保権の主張

　仮登記担保権の実行と強制競売等（強制競売，担保実行としての競売及び企業担保権実行手続（仮登記担保13条1項参照））との関係につき，競売手続が仮登記担保の清算完了前（清算金の支払債務の弁済前，清算金がないときは清算期間経過前）の申立てに基づくときは，当該競売手続が仮登記担保権実行手続に優先し，競売手続が仮登記担保の清算完了後（清算金の支払債務の弁済後，清算金がないときは清算期間経過後）の申立てに基づくときは，仮登記担保権実行手続が競売手続に優先することになる（仮登記担保15条）。これを仮登記担保権者がする第三者異議の訴えとの関係でみると，代物弁済予約等により担保仮登記がされている目的物件について強制競売等が開始された場合，仮登記担保権者による清算完了後のときは，仮登記のままで目的不動産の所有権取得（仮登記担保2条1項）を差押債権者に対抗することができ（仮登記担保15条2項），仮登記担保権者は競売手続に対し第三者異議の訴えを提起することができる。ただ，仮登記担保権者に優先する抵当権者等が担保不動産競売の申立てをした場合は，当該優先担保権は仮登記担保権の実行によって消滅せず，その後担保不動産競売手続で目的不動産が売却されたときは仮登記担保権者の所有権取得は覆されるので，仮登記担保権者による第三者異議の訴えは提起することはできないと解すべきである。これに対し，仮登記担保権者による清算完了前にされた競売申立てに基づき競売開始決定がされたときは，仮登記担保権者は，当該競売手続に対し第三者異議の訴えを提起することはできず，当該競売手続において債権届出をして売却代金の配当等を受けることができることになる（仮登記担保17条2項）。

第10 第三者異議の訴えにおける譲渡担保権の主張

I 不動産譲渡担保権の主張

1 譲渡担保権による所有権移転登記後に譲渡担保権設定者の債権者が強制競売の申立てをした場合

譲渡担保権による所有権移転登記後に譲渡担保権設定者の債権者が強制競売の申立てをした場合，登記名義が譲渡担保権者に移転している以上，登記原因が「譲渡担保」とされていても，当該不動産が譲渡担保権設定者の所有であるという外観が形成されていないのであるから，当該競売申立ては却下すべきことになる（高松高決昭47・6・12判タ279号207頁・判時674号78頁）（「執行関係訴訟諸問題」163頁・164頁，中野=下村「民執法」288頁，内田「執行関係訴訟理論と実務」103頁(1)）。

2 譲渡担保権による所有権移転登記後に譲渡担保権者の債権者が強制競売の申立てをした場合

不動産を目的とする譲渡担保権が設定されている不動産に対して，所有権移転登記を受けている譲渡担保権者の債権者が目的不動産を差し押さえてその旨の登記がされたときは，譲渡担保権設定者は，差押登記後に債務の弁済をしても，第三者異議の訴えにより強制執行の不許を求めることはできない。これは，譲渡担保権設定者が債務の履行を遅滞したときは，譲渡担保権者は目的不動産を処分する権能を取得するから（最判昭57・1・22民集36巻1号92頁・判タ466号83頁・判時1035号52頁，最判平6・2・22民集48巻2号414頁・判タ888号114頁・判時1540号36頁），被担保債権の弁済期後は，譲渡担保権設定者としては，目的不動産が換価処分されることを受忍すべき立場にあるというべきであり，譲渡担保権者の債権者による目的不動産の強制競売による換価

も，譲渡担保権者による換価処分と同様に受忍すべきものということができ，目的不動産を差し押さえた譲渡担保権者の債権者との関係では，差押え後の受戻権行使による目的不動産の所有権回復を主張することができなくてもやむを得ないというべきだからである（最判平18・10・20民集60巻8号3098頁・判タ1225号187頁・判時1950号69頁）（中野＝下村「民執法」288頁・289頁，内田「執行関係訴訟理論と実務」103頁，深沢＝園部「執行の実務〔下〕〔補訂〕」662頁）。

　ただ，被担保債権の弁済期前に譲渡担保権者の債権者が目的不動産を差し押さえた場合は，少なくとも，譲渡担保権設定者が弁済期までに債務の全額を弁済して目的不動産を受け戻したときは，弁済期前においては，譲渡担保権者は，債権担保の目的を達するに必要な範囲内で目的不動産の所有権を有するにすぎず，目的不動産を処分する権能を有しないから，このような差押えによって譲渡担保権設定者による受戻権の行使が制限されると解すべき理由はないので，譲渡担保権設定者は，第三者異議の訴えにより強制執行の不許を求めることができると解される（最判平18・10・20民集60巻8号3098頁・判タ1225号187頁・判時1950号69頁（傍論））（中野＝下村「民執法」289頁，内田「執行関係訴訟理論と実務」103頁・104頁，深沢＝園部「執行の実務〔下〕〔補訂〕」662頁・663頁）。

Ⅱ　動産譲渡担保権の主張

1　譲渡担保権者からの第三者異議の訴え

　譲渡担保に供された目的動産は，占有改定の方法で対抗要件が具備され，占有は譲渡担保設定者のもとに留め置かれることが通常である。このような目的動産が，譲渡担保設定者の債権者によって差し押さえられた場合，譲渡担保権者は，譲渡担保権に基づいて第三者異議の訴えを提起できるのであろうか。

　民事執行法は，旧民事訴訟法において認められていた優先弁済請求の訴えを廃止し，譲渡担保権者の配当要求を認めていない（民執133条・192条）ため，

譲渡担保権者の救済方法が問題となり，最高裁は，譲渡担保権者は特段の事情がない限り，第三者異議の訴えを提起することができるとする（最判昭56・12・17民集35巻9号1328頁・判タ462号70頁・判時1030号32頁，最判昭58・2・24判タ497号105頁・判時1078号76頁・集民138号229頁，最判昭62・11・10民集41巻8号1559頁・判タ662号67頁・判時1268号34頁（集合動産譲渡担保））。学説も，第三者異議の訴えを認める立場が有力である（田中「新民執法の解説〈増補改訂版〉」99頁，中野＝下村「民執法」290頁，内田「執行関係訴訟理論と実務」106頁，深沢＝園部「執行の実務(下)〔補訂〕」663頁）。

2 譲渡担保権設定者からの第三者異議の訴え

譲渡担保の目的動産を譲渡担保権者が所持し，譲渡担保権者の債権者がこれを差し押さえた場合，譲渡担保権設定者が第三者異議の訴えを提起することができるかが問題となる。これについては，譲渡担保権者は，被担保債権の弁済期の経過後に目的動産の処分権限を取得すると解され，譲渡担保権設定者は，被担保債権の弁済期前は，目的動産の処分権限を保持し，譲渡担保権者の債権者からの執行を受忍すべき立場にはないと考えられることから，第三者異議の訴えを認めるべきであると解される（松本「執行保全法」407頁，内田「執行関係訴訟理論と実務」106頁(2)）。

3 集合動産譲渡担保と第三者異議の訴え

集合動産譲渡担保が継続中に，集合動産又はその構成動産が譲渡担保権設定者の債権者によって差し押さえられた場合，譲渡担保権者は第三者異議の訴えを提起し得るかが問題となる。これについては，譲渡担保の目的である集合動産の範囲が特定され，譲渡担保が対抗要件を備え，差押動産が差押え当時の集合動産に属する以上，通常の動産譲渡担保の場合と同様に，第三者異議の訴えにより不当執行を排除する必要があると解され，譲渡担保権者による第三者異議の訴えを肯定すべきである（最判昭62・11・10民集41巻8号1559頁・判タ662号67頁・判時1268号34頁）（中野＝下村「民執法」293頁，内田「執

行関係訴訟理論と実務」106頁(3))。動産及び債権の譲渡の対抗要件に関する民法の特例等に関する法律3条により法人が動産譲渡登記ファイルに動産の譲渡登記をする方法によって対抗要件を具備した集合動産譲渡担保権者も，譲渡担保権設定者の債権者による差押えに対して第三者異議の訴えを提起することができることになる。

Ⅲ 債権譲渡担保権の主張

1 通常の指名債権の譲渡担保の場合

通常の指名債権の譲渡担保の場合，確定日付のある証書による通知・承諾（民467条）又は法人の債権譲渡登記ファイルへの譲渡登記（動産債権譲渡特4条）を具備した後に，譲渡担保権設定者の債権者が行った執行について，譲渡担保権者は第三者異議の訴えを提起し得るが，譲渡担保権者の債権者による執行について，譲渡担保権設定者が第三者異議の訴えを提起することは認められないと解される（中野＝下村「民執法」292頁，内田「執行関係訴訟理論と実務」107頁(1))。

2 集合債権譲渡担保の場合

債務者と第三債務者との間の継続的取引から継続的に発生し回収されていく多数の債権を包括的に譲渡担保の目的とする集合債権譲渡担保の場合，集合動産譲渡担保の場合と同様に解してよいと思われ（前記Ⅱ3（110頁）参照），特定された集合債権に含まれている個別債権が譲渡担保権設定者の一般債権者によって差し押さえられたときは，譲渡の対抗要件（確定日付のある証書による通知・承諾（民467条）又は法人の債権譲渡登記ファイルへの譲渡登記（動産債権譲渡特4条））の具備が差押命令の第三債務者への送達（差押えの効力発生時（民執145条4項））より前であれば，譲渡担保権者による第三者異議の訴えが認められると解される（中野＝下村「民執法」293頁，内田「執行関係訴訟理論と実務」

107頁(2))。

> 📖 ① 最判昭53・12・15判時916号25頁・集民125号839頁・金商566号11頁（診療担当者である医師の支払担当機関に対する診療報酬債権は始期と終期を特定してその権利の範囲を確定することによって有効に譲渡することができ，当該債権譲渡通知完了後にされた債権差押・取立命令に基づく債権取立請求を失当とした原審の判断を正当として是認した。）
> ② 最判平13・11・22民集55巻6号1056頁・判タ1081号315頁・判時1772号44頁（甲が乙に対する金銭債務の担保として，甲の丙に対する既に生じている債権又は将来生ずべき債権を一括して乙に譲渡することとし，乙が丙に対して担保権実行としての取立ての通知をするまでは甲に譲渡債権の取立てを許諾し，甲が取り立てた金銭について乙への引渡しを要しないとの内容の集合債権を対象とする譲渡担保契約において，同契約に係る債権の譲渡を第三者に対抗するには，指名債権譲渡の対抗要件の方法によることができる。）

第11　第三者異議の訴えにおける所有権留保の主張

　所有権留保とは，売買代金債権を担保するために，代金完済まで目的物の所有権を売主に留保するものである。動産売買で問題になることが多い。目的物件を買主が占有していることが多く，買主の一般債権者が当該目的物を差し押さえた場合，所有権留保売主が第三者異議の訴えを提起できるかが問題となる。

　目的物件にネームプレート等により所有権留保の表示がなされている等買主の所有物でないことが外観上明認できる場合は，当該差押えは外観主義に反する違法なものであるから，所有権留保売主は執行異議（民執11条）の申立てをすることもできるが，第三者異議の訴えによることもできる（「執行関係訴訟諸問題」152頁，中野＝下村「民執法」294頁，内田「執行関係訴訟理論と実務」

108頁(1))。

　買主の所有物でないことが外観上明認できない場合については，判例は，そのような場合も第三者異議の訴えによることを認めており＊，学説も認める見解が多い（「執行関係訴訟諸問題」150頁2・3・151頁4・152頁5，中野＝下村「民執法」293頁・294頁，内田「執行関係訴訟理論と実務」108頁(2)，深沢＝園部「執行の実務(下)〔補訂〕」663頁）。

> 📖 ＊　最判昭49・7・18民集28巻5号743頁・判タ312号207頁・判時754号48頁（動産の割賦払約款付売買契約において，代金完済に至るまで目的物の所有権が売主に留保され，買主に対する所有権の移転は当該代金完済を停止条件とする旨の合意がなされているときは，代金完済に至るまでの間に買主の債権者が目的物に対して強制執行に及んだとしても，売主あるいは当該売主から目的物を買い受けた第三者は，所有権に基づいて第三者異議の訴えを提起し，その執行の排除を求めることができると解するのが相当である。）

第12　第三者異議の訴えにおけるファイナンス・リースの主張

　ファイナンス・リース契約が締結されている目的物件は，借手（ユーザー）の占有使用下におかれているのが通常であり，ユーザーの債権者が差し押さえることがあり得る。この場合，貸手（リース業者）は，所有権に基づいて第三者異議の訴えを提起し得ると解される（「執行関係訴訟諸問題」153頁，中野＝下村「民執法」295頁，内田「執行関係訴訟理論と実務」109頁14）。

第13　第三者異議の訴えにおける債権的請求権の主張

　執行目的物件が債務者に属する場合，第三者が当該目的物件を目的とする売買・贈与・賃貸借等の債権契約を締結したにすぎないときは，当該第三者は，譲渡又は引渡しを妨げる権利を有せず，第三者異議の訴えを提起することはできないと解される（中野＝下村「民執法」295頁・296頁，内田「執行関係訴訟理論と実務」109頁(1)，深沢＝園部「執行の実務(下)〔補訂〕」664頁）。

　これに対し，執行目的物件が債務者に属しない場合は，当該目的物件を目的とする売買・贈与・賃貸借等の債権契約を締結した第三者がこれを取り戻す権利を有するときは，当該第三者は，第三者異議の訴えにより執行を排除することができるとするのが通説である。ただ，これは，第三者が執行債権に対する関係で強制執行を受忍すべき法的理由があるかどうかで判断する必要があり，目的物が債務者に属しないときでも，その引渡しを求める債権的請求権を有するにとどまる者は，所有権に基づき執行官保管仮処分の執行をした債権者には対抗できず，第三者異議の訴えを提起することは認められないと解される（中野＝下村「民執法」295頁・296頁，内田「執行関係訴訟理論と実務」109頁(2)，深沢＝園部「執行の実務(下)〔補訂〕」664頁）。

第14　第三者異議の訴えにおける処分禁止の仮処分の主張

　処分禁止の仮処分執行後に，その目的物について他の債権者による執行が開始された場合，当該仮処分債権者は，仮処分の存在を理由として，第三者異議の訴えにより執行を排除することができるのであろうか。

　これについては，仮処分に係る本案訴訟で勝訴の確定判決が出された場合，執行手続での買受人は，所有権取得を仮処分債権者に対抗し得ないことにな

り，仮処分債権者が他の債権者による執行によって特段の不利益を受けることはなく，第三者異議の訴えを認める必要はないと解されている。このような譲渡禁止の仮処分のある不動産に対する強制執行については，開始決定及び差押えの登記をした段階で事実上手続を停止し，本案判決等の結果を待つ取扱いがなされている（「執行関係訴訟諸問題」176頁3，中野＝下村「民執法」296頁・297頁，内田「執行関係訴訟理論と実務」110頁16，深沢＝園部「執行の実務(下)〔補訂〕」664頁・665頁）。

第4節　第三者異議の訴えの訴訟手続

第1　第三者異議の訴えの管轄

　第三者異議の訴えは，土地管轄及び事物管轄共に執行裁判所の専属管轄となる（民執38条3項・19条）（内田「執行関係訴訟理論と実務」116頁，深沢＝園部「執行の実務(下)〔補訂〕」665頁）。

第2　第三者異議の訴えの訴訟物の価額

　第三者異議の訴えは，現実になされた執行行為を排除することにより，所有権その他の目的物の譲渡又は引渡しを拒絶できる権利を確保することが訴えで主張する利益であるから，執行対象目的物の価額を基準として訴額を算定する。当該目的物が差押債権額を超えるような場合は例外として，差押債権額によるのが相当である（「執行関係訴訟諸問題」204頁三，「民実講義案Ⅰ（五訂版）」49頁9，深沢＝園部「執行の実務(下)〔補訂〕」667頁）。

第3　第三者異議の訴えの当事者適格

Ⅰ　第三者異議の訴えの原告適格

＊　第三者異議の訴えにおける原告の法人格否認の抗弁→本章本節**第6 Ⅱ ❻**（127頁）参照

1 第三者異議の訴えの原告適格

第三者異議の訴えの原告適格を有する者は，執行手続の当事者である債権者及び債務者以外の第三者で，執行の目的物について譲渡又は引渡しを妨げる権利を有する者である（「執行関係訴訟諸問題」204頁，内田「執行関係訴訟理論と実務」116頁，深沢＝園部「執行の実務(下)〔補訂〕」667頁・668頁）。

2 第三者異議の訴えにおける破産管財人の原告適格

破産管財人は，破産財団に属しない財産として差し押さえられた財産が財団に属することを主張する場合には，その資格において原告として第三者異議の訴えを提起することができる。管財人をその資格において債務者とする債務名義に基づいて，管財人固有の財産に執行が行われたときは，管財人は，その資格を離れた第三者として第三者異議の訴えを提起することができる（「執行関係訴訟諸問題」204頁，深沢＝園部「執行の実務(下)〔補訂〕」668頁）。

3 限定承認相続人固有財産に対する強制執行に対する限定承認相続人の第三者異議の訴え

債務者の相続人に対する貸金等の請求訴訟において，相続人の限定承認の抗弁が認められ，「相続財産の限度において支払え。」との判決があったときは，相続人の固有財産に対して強制執行の申立てをすることはできなくなり，当該相続人は，その判決の責任財産となる相続財産以外の固有財産に関する限り第三者ということになり，第三者異議の訴え（民執38条）を提起してその執行を排除することができる（「執行関係訴訟諸問題」204頁，内田「執行関係訴訟理論と実務」20頁・117頁，深沢＝園部「執行の実務(下)〔補訂〕」214頁・215頁・668頁）。

4 第三者の債権者による債権者代位権に基づく第三者異議の訴え

第三者異議の訴えを提起することができる第三者の債権者は，その債権保

全の必要があるときは，債権者代位権（民423条）に基づいて，第三者異議の訴えを提起することができる（「執行関係訴訟諸問題」205頁，内田「執行関係訴訟理論と実務」116頁・117頁，深沢＝園部「執行の実務(下)〔補訂〕」668頁）。

❺ 責任範囲が限定された債務者による第三者異議の訴え

債務名義上責任範囲が限定されている債務者（限定承認をした相続人等）は，当該責任範囲を超える差押え等の執行処分がなされた場合は，第三者として第三者異議の訴えを提起することができる（中野＝下村「執行法」298頁，内田「執行関係訴訟理論と実務」117頁）。

Ⅱ　第三者異議の訴えの被告適格

対象となる執行を追行する差押債権者が，被告適格を有する。二重開始決定を得た後行差押債権者（民執47条）も，被告適格を有する。配当要求債権者や単に目的財産上に担保権を有する債権者は，被告適格を有しない（中野＝下村「執行法」298頁，「執行関係訴訟諸問題」205頁，内田「執行関係訴訟理論と実務」117頁）。

執行債権者の承継人は，執行文の付与を受けたときに被告適格を有することになる（中野＝下村「執行法」298頁，「執行関係訴訟諸問題」205頁，内田「執行関係訴訟理論と実務」117頁2，深沢＝園部「執行の実務(下)〔補訂〕」668頁）。

第4　第三者異議の訴えにおける執行停止等の仮の処分

第三者異議の訴えが提起されても，当然には執行は停止されないので，執行停止等の仮の処分を求める必要があり，執行文付与に対する異議の訴え又は請求異議の訴えに係る執行停止等の裁判の規定（民執36条・37条）が準用されている（民執38条4項）。したがって，その内容については，請求異議の

第4節　第三者異議の訴えの訴訟手続
第4　第三者異議の訴えにおける執行停止等の仮の処分

訴え（**第1章第5節第5**（30頁）参照）及び執行文付与に対する異議の訴え（**第6章第4節第5**（196頁）参照）の説明を参照していただきたい。

■3-1　第三者異議の訴え提起に伴う強制執行停止決定

平成〇年（モ）第〇〇〇号

強制執行停止決定

　　当事者の表示　　別紙当事者目録記載のとおり

　申立人は，相手方から△△△△に対する〇〇地方裁判所平成〇年（ワ）第〇〇〇号……請求事件判決に基づいて，別紙物件目録記載の物件に対してなされた強制執行について，第三者異議の訴えを提起し，かつ，その執行停止を申し立てた。当裁判所は，その申立てを理由があるものと認め，申立人に〇〇万円の担保（〇〇地方法務局平成〇年度金第〇〇〇〇号）を立てさせて，次のとおり決定する。

主　　文

　相手方から△△△△に対する〇〇地方裁判所平成〇年（ワ）第〇〇〇号……請求事件判決に基づく強制執行は，本案判決において，この決定に対する裁判があるまで，停止する。

平成〇年〇月〇日
　　　　〇〇地方裁判所第〇民事部
　　　　　　　　　　裁判官　　〇　　〇　　〇　　〇㊞

第5 第三者異議の訴え提起

I 第三者異議の訴え提起の時期

1 第三者異議の訴え提起の時期

第三者異議の訴えとは，具体的な執行処分の排除を求める訴えであり，執行が開始されなければ，排除を求める対象が特定されず，訴えは不適法として却下されることになる（大判大13・7・7民集3巻345頁）（中野＝下村「執行法」298頁，「執行関係訴訟諸問題」205頁，内田「執行関係訴訟理論と実務」111頁・117頁，深沢＝園部「執行の実務(下)〔補訂〕」669頁(一)）。

2 特定物件引渡し・明渡しの強制執行における執行開始前の第三者異議の訴え提起

特定動産の引渡し，建物明渡し等の特定物の引渡し又は明渡しの強制執行については，執行の対象物は特定されており，執行方法も明確になっており，執行文付与や執行開始前であっても，第三者異議の訴えを提起することができると解すべきである（中野＝下村「執行法」298頁，「執行関係訴訟諸問題」205頁・206頁，内田「執行関係訴訟理論と実務」112頁・117頁，深沢＝園部「執行の実務(下)〔補訂〕」670頁）。この場合，執行開始前の訴え提起であっても，受訴裁判所による執行停止の仮の処分（民執38条4項・36条1項）を求めることもできる（中野＝下村「執行法」298頁，深沢＝園部「執行の実務(下)〔補訂〕」670頁）。

3 執行終了後の第三者異議の訴え

排除すべき執行が終了した後は，訴えの利益がなく，第三者異議の訴えを提起することはできず，提起された訴えは不適法として却下されると解される（最判昭36・5・26民集15巻5号1398頁（断行の仮処分の執行により目的物が撤去さ

れた後の第三者異議の訴え提起））（中野＝下村「執行法」298頁(イ)、「執行関係訴訟諸問題」206頁2、内田「執行関係訴訟理論と実務」117頁(2)、深沢＝園部「執行の実務(下)〔補訂〕」670頁）。

　第三者異議訴訟が係属中に執行停止の裁判がないため執行手続が終了した場合も、訴えの利益を失い、不適法として却下されると解される（中野＝下村「執行法」299頁(ウ)、内田「執行関係訴訟理論と実務」117頁、深沢＝園部「執行の実務(下)〔補訂〕」671頁）。この場合、原告は、第三者異議の訴えを、債権者に対する執行による不当利得返還請求もしくは不法行為による損害賠償請求に変更することは許されると解される（大判昭11・7・21民集15巻1514頁、最判昭43・6・13判時526号54頁・集民91号279頁（第三者異議の訴え係属中に強制執行が終了した場合には、当該訴えの利益を失い、当該強制執行による損害賠償を請求するためには、訴えの変更を要すると判示した原判決を正当と是認した。））（「注解民執法(1)」689頁、内田「執行関係訴訟理論と実務」117頁・118頁、深沢＝園部「執行の実務(下)〔補訂〕」671頁）。

Ⅱ　第三者異議の訴えにおける請求の趣旨・原因

1　第三者異議の訴えの請求の趣旨

　形成訴訟説によれば、訴状の請求の趣旨において、執行行為の排除・不許を求める趣旨を明らかにする必要がある（「執行関係訴訟諸問題」207頁1、内田「執行関係訴訟理論と実務」118頁、深沢＝園部「執行の実務(下)〔補訂〕」670頁）。債務名義に基づく強制執行の場合は、債務名義を特定し、それに基づく強制執行の不許を求め、担保権実行の場合は、差押えの基礎となった開始決定等を明示して、その不許を求める。具体的には、動産に対する強制執行であれば、「被告がAに対する○○地方裁判所平成○年（ワ）第○○○○号……請求事件の執行文の付与された判決正本に基づき平成○年○月○日別紙物件目録記載の物件についてした強制執行は、これを許さない。」等となり、担保不動産競

売であれば,「被告がAに対する○○地方裁判所平成○年（ケ）第○○○号担保不動産競売事件の競売開始決定に基づき平成○年○月○日にした別紙物件目録記載の不動産に対する差押えは,これを許さない。」等といった形になる。

2 第三者異議の訴えの請求の原因

　第三者異議の訴えの請求原因事実は,次のとおりである（「執行関係訴訟諸問題」208頁㈡・215頁,内田「執行関係訴訟理論と実務」112頁,深沢＝園部「執行の実務〔下〕〔補訂〕」672頁）。
① 　差押え等の具体的執行行為が開始されたこと
② 　執行目的物の譲渡又は引渡しを妨げる権利の発生原因事実
　なお,特定物の引渡し又は明渡しの強制執行においては,執行文付与や執行開始前であっても第三者異議の訴えを提起することができると解されているので（前記Ⅰ2（120頁）参照）,上記①は不要となる（内田「執行関係訴訟理論と実務」112頁）。

> 　内田「執行関係訴訟理論と実務」111頁は,執行開始前に提起された第三者異議の訴えは,排除対象の特定を欠くものとして訴えの利益を欠き,通常の執行においては,差押え等の執行が開始されたことは,請求原因事実ではなく,訴訟要件（訴えの利益）を基礎づける事実となるとする。また,同112頁では,強制執行を原告である第三者が受忍すべき理由がないことを基礎づける事実も請求原因事実とする。

■3-2　第三者異議の訴えの訴状の請求の趣旨及び請求の原因

第1　請求の趣旨
1　被告がAに対する○○地方裁判所平成○年（ワ）第○○○号……請求事件の執行文の付された判決正本に基づき平成○年○月○日別紙物件目録記載の物件についてした強制執行は，これを許さない。
2　訴訟費用は被告の負担とする。
との裁判を求める。

第2　請求の理由
1　債務名義の存在及びそれに基づく強制執行
　　Aと被告との間には，請求の趣旨第1項記載の執行力ある確定判決（甲第1号証。以下「本件債務名義」という。）が存在し，被告は，平成○年○月○日，本件債務名義に基づき，Aの事務所内にあった別紙物件目録記載の動産（以下「本件動産」という。）を差し押さえた（甲第2号証）。
2　異議の事由
　　本件動産については，平成○年○月○日に，Aと原告との間で，原告のAに対する……債権を担保するために，原告を譲渡担保権者とする譲渡担保権設定契約が締結されており（甲第3号証），Aの占有は，これに基づく占有改定によるものにすぎない。
3　結論
　　よって，原告は，本件動産に対する譲渡担保権に基づき，被告が本件動産に対してした強制執行の排除を求め，本訴訟を提起する。

Ⅲ　訴えの併合

1　第三者異議の訴えにおける訴えの客観的併合

　原告第三者は，訴えの客観的併合の要件（民訴136条）を備える限り，債権者に対する損害賠償請求を併合提起することができる（「執行関係訴訟諸問題」209頁九，深沢＝園部「執行の実務(下)〔補訂〕」672頁）。

2　第三者異議の訴えにおける訴えの主観的併合──債務者に対する実体法上の権利関係の確認又は目的物引渡し等を求める訴えの併合提起

　債務者が，原告（第三者）の主張する異議事由である権利関係を争うときは，債務者を被告として実体法上の権利関係の確認又は目的物の引渡し等を求める訴えを，第三者異議の訴えと併合して提起することができる（民執38条2項）。この場合の共同訴訟は，通常共同訴訟であって，必要的共同訴訟ではない（大判大8・12・8民録25輯2250頁，大判昭13・3・26民集17巻509頁）（「執行関係訴訟諸問題」209頁一〇，深沢＝園部「執行の実務(下)〔補訂〕」668頁・669頁）。

Ⅳ　第三者異議の訴えにおける訴えの変更

1　第三者異議の訴えの損害賠償請求の訴えへの訴え変更

　第三者異議訴訟の係属中に，執行手続が終了してしまった場合，あるいは，被告債権者が執行申立てを取り下げ，同一の財産に対する爾後の執行の反復を予想させる特段の事情がない場合は，訴えが却下されることになるが，当該執行によって原告第三者に損害が発生している場合は，損害賠償請求が可能であり，これは係属していた第三者異議の訴えと請求の基礎を同一にする

ので，訴えの変更（民訴143条1項）が可能である（「執行関係訴訟諸問題」210頁㈠，内田「執行関係訴訟理論と実務」123頁）。

❷ 仮差押えの執行に対する第三者異議の訴えの本執行に対する第三者異議の訴えへの訴え変更

　仮差押えの執行に対して第三者異議の訴えが提起された後，この仮差押えが本執行に移行した場合，当該仮差押えの執行に対して提起された第三者異議の訴えを，本執行に対する第三者異議の訴えに変更できるかが問題となる。これについては，本執行においては，仮差押えの被保全権利と本案での請求が請求の基礎において同一であることが必要であるとされ，これを満たしていれば，訴えの変更の要件である請求の基礎の同一性を満たしているものと評価できるから，仮差押えの執行に対して提起された第三者異議の訴えを，本執行に対する第三者異議の訴えに変更できると解すべきである（「執行関係訴訟諸問題」210頁㈡，内田「執行関係訴訟理論と実務」123頁）。

第6　第三者異議の訴えにおける当事者の主張立証

Ⅰ　第三者異議の訴えにおける原告の請求原因事実の主張立証

　第三者異議の訴えの原告は，前記**第5 Ⅱ ❷**（122頁）で述べた請求原因事実を，主張立証することになる。

Ⅱ 第三者異議の訴えにおける被告の抗弁事実の主張立証

1 原告の権利の消滅事由

原告第三者が所有権を主張した場合は，被告債権者はその所有権の喪失事由を主張立証することができる（内田「執行関係訴訟理論と実務」113頁，深沢＝園部「執行の実務(下)〔補訂〕」672頁）。

2 原告の権利の発生障害事由

原告第三者主張の権利の発生原因事実が法律行為の場合には，虚偽表示・錯誤・詐欺等の意思表示の瑕疵・不存在や解除が抗弁となる（内田「執行関係訴訟理論と実務」113頁(2)，「執行関係訴訟諸問題」194頁3・216頁）。

3 執行手続の終了

特定物の引渡し又は明渡し以外の強制執行においては，対象執行手続の終了が抗弁となる（内田「執行関係訴訟理論と実務」113頁）。

4 対抗要件欠缺の権利抗弁

被告債権者は，原告第三者主張の権利が被告に対抗し得ないこと（対抗要件の欠缺）（本章**第3節第2**Ⅰ（99頁）参照）を，抗弁として主張することができると解される（「執行関係訴訟諸問題」148頁・216頁，内田「執行関係訴訟理論と実務」113頁(3)）。

5 詐害行為取消権の行使

所有権を異議原因とする第三者異議の訴えにおいては，被告債権者は，抗弁として原告第三者の所有権取得の原因事実について争うことができる（前

記❶〜❸（126頁）参照）が，詐害行為取消権（民424条）を抗弁として主張することができるかについては争いがある。これについては，判例は，詐害行為取消権の裁判上の行使は必ず訴えによることを要し（民424条1項），抗弁の方法によることはできないとしており（最判昭39・6・12民集18巻5号764頁・判タ164号81頁・判時379号25頁），それが妥当であると解される（「執行関係訴訟諸問題」195頁5，216頁）※。そのため，抗弁で詐害行為取消権を行使すると主張しても，主張自体失当と扱われ，被告債権者としては，詐害行為取消しの訴えを反訴又は別訴*1で提起することが必要となる（「執行関係訴訟諸問題」195頁5・196頁二，内田「執行関係訴訟理論と実務」114頁・115頁）*2。

> ※ 「新基本法コンメ民執法」114頁は，詐害行為取消権の抗弁による主張を認めるべきであるとする。

> *1 最判昭43・11・15民集22巻12号2659頁・判タ229号136頁・判時543号57頁（詐害行為取消しの訴えを別訴で提起した場合，弁論が併合されない限り，第三者異議の訴えを棄却することができない。）
> *2 最判昭40・3・26民集19巻2号508頁・判タ175号117頁・判時407号27頁（第三者異議訴訟と詐害行為取消しの訴えの併合審理の結果，基準時において詐害行為取消権の存在が認められた場合には，第三者異議の訴えは棄却を免れないとした。）

❻ 第三者異議の訴えにおける原告の法人格否認の抗弁

　第三者異議の訴えは，債務名義の執行力が原告に及ばないことを異議事由として強制執行の排除を目的とするものではなく，執行債務者に対して適法に開始された強制執行の目的物について原告が所有権その他目的物の譲渡又は引渡しを妨げる権利を有するなど強制執行による侵害を受忍すべき地位にないことを異議事由として強制執行の排除を求めるものであるから，第三者異議の訴えについて，原告の法人格が執行債務者に対する強制執行を回避す

るために濫用されている場合には，原告は，執行債務者と別個の法人であることを主張して強制執行の排除を求めることは許されないと解されており（最判平 17・7・15 民集 59 巻 6 号 1742 頁・判タ 1191 号 193 頁・判時 1910 号 99 頁），被告は，原告の法人格を否認することを抗弁として主張することができる（中野＝下村「民執法」300 頁(イ)，内田「執行関係訴訟理論と実務」113 頁(4)，深沢＝園部「執行の実務(下)〔補訂〕」278 頁・650 頁・651 頁）。

7 権利濫用・信義則違反

原告第三者の権利主張に対し，被告債権者は，その原告の主張が権利濫用に該当すること，又は，信義則に反することを主張することができると解される（「執行関係訴訟諸問題」193 頁 2，内田「執行関係訴訟理論と実務」115 頁）。

> 最判昭 41・2・1 民集 20 巻 2 号 179 頁・判タ 189 号 110 頁・判時 442 号 37 頁（債務者の住所における動産仮差押えの執行に際し，第三者が債権者に対し，自己（第三者）の占有する動産を債務者が所有するものと主張し，債権者をその所在場所に案内して任意に提供して仮差押手続をさせ，債務者の他の物件に対する執行が取り止めになったなどの事情があるときは，後日当該第三者が執行排除の異議事由としてその物件の所有権を主張することは信義則に反するとした。）

Ⅲ 第三者異議の訴えにおける原告の再抗弁事実の主張立証

原告第三者は，抗弁事実に基づく法律効果の発生を障害させる事実などを再抗弁として主張立証することになる。例えば，被告債権者の対抗要件欠缺の権利抗弁に対しては，対抗要件具備の再抗弁を主張することができる（「執行関係訴訟諸問題」148 頁・216 頁 3，内田「執行関係訴訟理論と実務」115 頁 3）。

第5節　第三者異議訴訟の終了

第1　第三者異議訴訟の判決

Ⅰ　第三者異議訴訟の判断の基準時

　第三者異議訴訟における異議の原因は，事実審の口頭弁論終結時に存することを要し，かつ，それで足りる（最判昭38・11・28民集17巻11号1554頁）（「執行関係訴訟諸問題」210頁3，中野＝下村「民執法」302頁，内田「執行関係訴訟理論と実務」124頁1，深沢＝園部「執行の実務(下)〔補訂〕」672頁・673頁）。

Ⅱ　第三者異議訴訟の判決

1　第三者異議訴訟の訴え却下判決

　訴訟要件が欠けるとき（対象執行が終了したとき等）は，訴えが却下される（「執行関係訴訟諸問題」215頁㈢，内田「執行関係訴訟理論と実務」122頁）。

2　第三者異議訴訟の請求棄却判決

　原告の請求の理由がなければ，請求棄却の判決をすることになる（「執行関係訴訟諸問題」214頁㈡，内田「執行関係訴訟理論と実務」124頁，深沢＝園部「執行の実務(下)〔補訂〕」672頁・673頁）。

3 第三者異議訴訟の請求認容判決

　請求の理由があるときは，請求の趣旨に沿った，強制執行不許の宣言をすることになる（「執行関係訴訟諸問題」214頁㈠・㈡，内田「執行関係訴訟理論と実務」124頁，深沢＝園部「執行の実務(下)〔補訂〕」673頁）。

　擬制自白の規定の適用はあるから，被告が口頭弁論期日に出頭せず，送達を受けた訴状に記載した請求原因事実について自白したものとみなされ（民訴159条3項），それに基づいて，原告の請求認容の欠席判決をすることもできる（内田「執行関係訴訟理論と実務」123頁）。

◆動産に対する強制執行不許の判決主文◆

> 　被告がＡに対する○○地方裁判所平成○年（ワ）第○○○号……請求事件の執行文の付与された判決正本に基づき平成○年○月○日別紙物件目録記載の物件についてした強制執行は，これを許さない。

◆担保不動産競売不許の判決主文◆

> 　被告がＡに対する○○地方裁判所平成○年（ケ）第○○○号担保不動産競売事件の競売開始決定に基づき平成○年○月○日にした別紙物件目録記載の不動産に対する差押えは，これを許さない。

Ⅲ　仮の処分の取扱い

　第三者異議訴訟の終局判決においては，執行停止等の仮の処分を命じ（認容の場合），既にした執行停止等の仮の処分の裁判を取り消し（棄却の場合），変更し，もしくは認可すること（認容の場合）をしなければならない（民執38条4項（37条1項））。この裁判に対しては，不服申立てをすることができない

(民執38条4項（37条2項))。

Ⅳ 第三者異議訴訟の判決の効力

1 第三者異議訴訟の請求棄却判決の効力

　形成訴訟説によれば，請求棄却判決が確定すると，執行法上の異議権の不存在について既判力が生ずることになる（「執行関係訴訟諸問題」217頁2，内田「執行関係訴訟理論と実務」125頁）。

　第三者異議訴訟について，形成訴訟説により，訴訟物を異議権ととらえるならば，第三者異議の訴えでの請求棄却判決は，異議権の不存在，すなわち具体的執行行為が，原告である第三者において受忍すべきものであると判断されたことになり，当該請求棄却判決確定後に，第三者が不当執行を理由に不法行為に基づく損害賠償請求や不当利得返還請求の訴えを提起した場合，これらの請求は，第三者異議の訴えでの棄却判決の内容に反するものであり，いわゆる矛盾関係にある請求として，既判力により排斥されると解される（内田「執行関係訴訟理論と実務」92頁・93頁・125頁）。

2 第三者異議訴訟の請求認容判決の効力

　請求認容判決が確定し，又は仮執行宣言が付されると，開始された具体的執行を続行することが許されなくなる〔形成力の発生〕（「執行関係訴訟諸問題」217頁，内田「執行関係訴訟理論と実務」125頁）。

　原告第三者は，執行不許の確定判決正本を執行機関に提出して，執行の停止，既にした執行処分の取消しを求めることができる（民執39条1項1号・40条1項）（「執行関係訴訟諸問題」217頁，内田「執行関係訴訟理論と実務」125頁，深沢＝園部「執行の実務(下)〔補訂〕」673頁）。

　請求認容判決においては，第三者異議の訴えの原因である「目的物の譲渡又は引渡しを妨げる権利」の存否についての判断については，判決理由中の

判断であるから既判力を生じない（「執行関係訴訟諸問題」217頁，中野＝下村「民執法」302頁，内田「執行関係訴訟理論と実務」125頁）。

第2　第三者異議訴訟における和解

　第三者異議訴訟の法的性質を形成訴訟と解する場合，判決主文によって形成されるのと同一内容の創設的効果を直接的に宣言するような内容の和解をすることはできない。しかし，その形成要件に関連する実体法上の権利関係については当事者間で処分することが可能であると解され，訴訟上の和解においては，このような実体法上の権利の存否や内容の変更等の合意をすることになると解される。執行事件が既に開始進行している場合，「被告は，○○地方裁判所平成○年（執イ）第○○○号動産差押え事件を取り下げる。」等といった執行停止・取消文書となる条項を入れる必要がある。また，訴訟終了のため，訴えの取下げや訴訟終了の合意の条項を入れている（「執行関係訴訟諸問題」218頁第一一（133頁第一二），内田「執行関係訴訟理論と実務」125頁第9，園部「〔改訂〕和解論点整理ノート」289頁第1）。

第3　第三者異議訴訟における請求の認諾・放棄

　第三者異議訴訟の法的性質について形成訴訟説に立つ限り，第三者異議訴訟において請求の認諾・放棄はなし得ないと解される（「執行関係訴訟諸問題」218頁第一一（135頁第一三），内田「執行関係訴訟理論と実務」123頁）。

第4章

取立訴訟

第1節　総　説

第1　取立訴訟の意義

　金銭債権の満足を目的とする強制執行〔金銭執行〕は，目的財産について，国〔執行機関〕がその換価権を徴収し，債務者（所有者）にその換価権を妨げるような処分を禁止する差押えをし，徴収した換価権に基づいて換価し，その換価代金の配当等をするという手続で行われる。強制執行の目的物が不動産，動産の場合，その財産価値の金銭化である換価は，その物の売却を原則とし（不動産については，その収益を収取又は換価する方法もある。），強制執行の目的が金銭債権である場合，その債務者〔第三債務者〕の弁済による金銭化によってその目的が実現されることから，差し押さえられた金銭債権〔被差押債権〕の取立てを差押債権者に許す方法が原則とされ（民執155条），その他に，被差押債権に券面額があるときはこれを差押債権者に移転し，券面額をもって執行債権〔請求債権〕の弁済に充当する転付命令があり（民執159条），被差押債権を売却する等の換価方法（「譲渡命令」等）は例外的とされている（民執161条）。

　金銭債権に対する担保権の実行手続にも債権執行の規定が準用されているので（民執193条2項），そこでの取立訴訟についても，狭義の取立訴訟に関する検討がほぼ妥当すると解されるが，質権者は実体法上独自の取立権が認められているので（民366条），その行使としての取立訴訟については，別途検討する必要がある（「執行関係訴訟諸問題」305頁）。

　取立訴訟は，差押債権者の取立てに対し第三債務者が任意でそれに応じな

いときに，差押債権者が，第三債務者に対し，被差押債権の直接差押債権者への支払を求める訴えのことである（民執157条・193条2項）。債権者の競合があるときに第三債務者が任意の供託をしないときにも，差押債権者は，自己の名において，供託を求める取立訴訟を提起することができる（園部「書式債権・動産等執行実務〔全訂14版〕」329頁，深沢＝園部「執行の実務㊥〔補訂〕」674頁(4)）。

なお，訴訟の代わりに管轄簡易裁判所に支払督促の申立てをすることもできる（民訴382条）（園部「書式債権・動産等執行実務〔全訂14版〕」329頁）。債権者の競合があり，供託判決となる場合も同様である（「執行関係訴訟諸問題」376頁㈤，中野＝下村「民執法」715頁，深沢＝園部「執行の実務㊥〔補訂〕」677頁）。

第2 差押えの執行と債務者の第三債務者に対する給付訴訟

差押えの執行によって，被差押債権につき，第三債務者は支払を差し止められ，債務者は被差押債権について取立て・譲渡等の処分をすることができなくなるが，債務者は，当該被差押債権について，第三債務者に対し給付訴訟を提起し又はこれを追行する権限を失うものではなく，無条件の勝訴判決を得ることができる（最判昭48・3・13民集27巻2号344頁・判タ292号248頁・判時701号69頁）（田中「新民執法の解説〈増補改訂版〉」336頁，深沢＝園部「執行の実務㊥〔補訂〕」673頁ロ）。

そして，被差押債権について，債務者が既に第三債務者に対し給付訴訟を提起している場合には，差押債権者は，権利承継人に準じて訴訟参加（民訴47条）をすることができる（深沢＝園部「執行の実務㊥〔補訂〕」675頁ハ）。

第2節　取立訴訟の訴訟物等

　取立訴訟において，通説は，取立債権者（差押債権者）は，被差押債権の履行を，自己の名において，当事者として訴求するものであり，取立債権者の地位は法定訴訟担当の一つに該当し〔法定訴訟担当説〕（本章**第4節第1 Ⅱ ❶**（141頁）参照），訴訟物は債務者の第三債務者に対する給付請求権（「被差押債権」そのもの）であって（内田「執行関係訴訟理論と実務」207頁，園部「書式債権・動産等執行実務〔全訂14版〕」329頁，深沢＝園部「執行の実務㈠〔補訂〕」674頁ロ），その判決の既判力は，その有利不利を問わず，債務者に及ぶとする（民訴115条1項2号）（「執行関係訴訟諸問題」307頁）。

第3節　取立訴訟と他の手続の関係

第1　取立訴訟と滞納処分

Ⅰ　滞納処分が先行する場合

　滞納処分による差押えがされている債権に対しても強制執行等による差押命令を発令することはできる（滞調20条の3第1項・20条の10）が，差押債権者は，差押えに係る債権のうち滞納処分による差押えがされている部分については，滞納処分による差押えが解除されなければ取立てをすることができない（滞調20条の5・20条の10）ので，その分については取立訴訟を提起することはできない（深沢＝園部「執行の実務(中)〔補訂〕」673頁①）。

Ⅱ　強制執行等が先行する場合

　強制執行による差押えがされている金銭債権についても，滞納処分による差押えはできる（滞調36条の3第1項・36条の13）。そのような場合に，強制執行等による差押債権者が取立訴訟を提起したときには，被告第三債務者は，受訴裁判所に対し，滞納処分庁について，取立訴訟に参加すべき旨の申立てをすることができ，その参加命令によって滞納処分庁は取立訴訟に参加することができる（滞調36条の7・36条の13）。この場合，滞納処分による差押債権者が参加できる時期は，取立訴訟の訴状の送達の時までだけではなく，その共同訴訟人として参加申出の書面の送達の時まで広げられている（滞調36条

の7後段・36条の13）（昭56・4・6民三第386号最高裁民事局長・家庭局長通知添付昭56・2・27国税庁徴徴4-2・2-3国税庁長官通達第36条の7関係2(1)，「滞納処分と強制執行等の調整執務資料」131頁）（深沢＝園部「執行の実務㈥〔補訂〕」673頁②）。

第2　取立訴訟と執行停止文書

　債権差押命令発令後に執行停止文書が提出されたときは，差押債権者は被差押債権の取立てを一時禁止されるが，差押債権者の取立権能が奪われるものではないので，差押債権者は，その取立権能に基づき，将来取立禁止が解かれた場合に備えて取立訴訟の追行等の方法によって被差押債権を保全することは妨げられない。したがって，債権執行の執行停止後でも取立訴訟を続行することができる（大阪高判昭58・3・24下民集34巻5～8号814頁・金商681号3頁）（「執行関係訴訟諸問題」380頁・381頁，中野＝下村「民執法」716頁，深沢＝園部「執行の実務㈥〔補訂〕」679頁）。

　執行停止後の取立訴訟の提起及びこれに対する判決については，次のとおり，見解が分かれている（深沢＝園部「執行の実務㈥〔補訂〕」679頁・680頁）。
① 　執行停止後にも，取立訴訟を提起することができ，裁判所は無条件の給付判決をすることができる。執行停止の事実がある間はその判決の執行が許されないだけである（浦野雄幸・NBL319号36頁）＊。

> ＊　最判昭48・3・13民集27巻2号344頁・判タ292号248頁・判時701号69頁（仮差押えの執行により，仮差押債務者による取立て・譲渡等の処分はできなくなるが，給付訴訟提起・追行及び無条件の勝訴判決を得ることはできるとした。）

② 　執行停止後の取立訴訟においては，執行停止が解除されることを条件とする給付判決をすべきである（大判昭17・1・19民集21巻22頁）。
③ 　執行停止後に確認訴訟を提起することはできるが，給付訴訟を提起する

ことはできない（大判昭 4・7・24 民集 8 巻 728 頁）。

④　執行停止後には給付・確認いずれの訴訟も提起できない（大阪高判昭 39・12・16 高民集 17 巻 8 号 619 頁・判タ 173 号 139 頁・判時 434 号 39 頁）（「執行関係訴訟諸問題」381 頁）。

第4節　取立訴訟の訴訟手続

第1　当事者等

Ⅰ　取立訴訟の当事者

　取立訴訟の原告は差押債権者であり，被告は第三債務者である。債権者の競合があるときは，どの差押債権者も原告となることができる（園部「書式債権・動産等執行実務〔全訂14版〕」329頁）。

Ⅱ　取立訴訟における原告差押債権者の地位

1　法定訴訟担当

　差押債権者は，債務者のためではなく，自己の重大な利益（自己の債権の実現ないし保護）のために取立訴訟を提起する固有の当事者適格を有すると解すべきであるとする説〔固有適格説〕がある（「注釈民執法6」552頁，中野＝下村「民執法」716頁・717頁，東京地裁「債権執行諸問題」138頁）。この説に立った場合，債務者の当事者適格は否定されず，共同で訴えを提起した場合は類似必要的共同訴訟となり，差押債権者が取立訴訟で得た判決の効力のうち，債務者に不利なものは及ばないことになる（内田「執行関係訴訟理論と実務」206頁）。しかし，債務者の第三債務者に対する実体的権利を，債務者が差押債権者とは別に行使し得るとするのは，債権差押命令が，債務者に対する弁済禁止を第

三債務者に命じていること（民執145条1項）とそぐわないと思われ，取立権行使の対象となる債権は，あくまでも債務者の第三債務者に対する債権であり，取立訴訟が，取立権行使の一態様であることからすれば，取立訴訟の審理の対象となる訴訟物は，債務者の第三債務者に対する被差押債権の存否ととらえるのが自然と考えられること，取立訴訟の判決効が債務者に及ばないとし，債務者から第三債務者に対する後訴が可能とすることは，第三債務者の応訴負担を考慮すると相当でないことなどからすれば，当該固有権説は取り得ないと解される。そして，上記のことから考えれば，原告差押債権者は，被差押債権の履行を，自己の名をもって，当事者として訴求するものであり，その地位は法定訴訟担当の一つに該当すると解される〔法定訴訟担当説〕（「執行関係訴訟諸問題」307頁，内田「執行関係訴訟理論と実務」206頁・207頁，深沢＝園部「執行の実務㊥〔補訂〕」664頁）。

　原告適格を基礎づける事実は，訴訟要件を基礎づける事実であり，職権調査事項となるが，その存否に関する資料収集は当事者が行うべきであり，原告が取立権を有することも，原告が訴状等により主張すべきである（内田「執行関係訴訟理論と実務」207頁）。

❷ 取立訴訟提起後に転付命令が確定した場合

　差押債権者が1人の場合に，取立訴訟を提起して被告となる第三債務者に訴状を送達して配当等加入遮断効を生じさせ（民執165条2号），訴訟係属中に原告である差押債権者が転付命令を取得して同命令が確定した場合，それまでは原告である差押債権者は法定訴訟担当として訴訟を追行していたのが，転付命令確定により，以後は原告自身の債権として訴求することになる。この場合は，原告適格の変更の申立てをし，請求原因として，債権取得原因として債務者の権利をいつ転付命令の確定により取得したかを主張すべきことになる（深沢＝園部「執行の実務㊥〔補訂〕」669頁）。

Ⅲ ［競合債権者の］取立訴訟への訴訟参加

1 ［競合差押債権者に対する］取立訴訟への訴訟参加命令

(1) ［競合差押債権者に対する］取立訴訟への訴訟参加命令申立て
ア 訴訟参加命令申立て

被告第三債務者は，訴え提起から訴訟終了までの間，訴状送達時までに債権差押えをした競合差押債権者に対し，訴訟に参加を求めるため参加命令の申立てをすることができる（民執157条1項・193条2項）。

参加命令申立てには，他の差押債権者の差押えの内容，差押えの効力発生時期が取立訴訟の訴状送達前であること，取立訴訟の当事者，訴訟の内容及び進行状況等を申立書に記載し，参加命令の相手方が訴状送達までに差押えをした債権者であることを証するため，差押命令正本が訴状送達までに送達されたことの裁判所書記官の証明書等を添付すべきである（「執行関係訴訟諸問題」362頁，内田「執行関係訴訟理論と実務」216頁(2)，深沢＝園部「執行の実務㊥〔補訂〕」675頁）。

イ 訴訟参加命令申立ての撤回

訴訟参加命令申立ての撤回もできるが，それは他の差押債権者が共同訴訟に参加する前に限定されると解される（「注釈民執法6」600頁）。

(2) 取立訴訟への参加命令の相手方
ア 差押債権者
(ア) 差押債権者

受訴裁判所は，第三債務者の申立てにより，取立訴訟の訴状が第三債務者に送達される時までに被差押債権に対する差押えの執行をした債権者に対し，共同訴訟人として原告に参加すべきことを命ずることができる（民執157条1項・193条2項）。

(イ) 執行停止中の差押債権者

執行停止になっている差押債権者は，その原告適格を一時的に喪失しているのであるから，取立訴訟を提起することができないと解されていることから（本章本節**第3 Ⅲ ❶**（4）（153頁）参照），参加命令の相手方にはなり得ないと解される（内田「執行関係訴訟理論と実務」215頁）。

(ウ) 取立訴訟の訴状送達後の差押債権者

取立訴訟の訴状が第三債務者に送達された時までに差押えをした債権者のみが配当等を受領することができるので（民執165条2号・193条2項），取立訴訟の訴状送達後に取立訴訟の対象となった被差押債権を差し押さえた債権者に対しては，参加命令を発することはできない（民執157条1項・193条2項参照）。

イ 仮差押債権者，配当要求債権者

仮差押債権者及び配当要求債権者は，取立訴訟を提起することができないのであるから，参加命令の相手方にはならないと解されている（民執157条1項・193条2項参照）（「注釈民執法6」599頁，内田「執行関係訴訟理論と実務」215頁(2)，深沢＝園部「執行の実務(中)〔補訂〕」676頁）。

ウ 債務者

取立訴訟の原告の地位につき法定訴訟担当説をとった場合（本章本節**第1 Ⅱ 1**（141頁）参照），取立訴訟の判決効は債務者にも当然に及び，第三債務者にとっては，参加命令発令の申立てをする必要はなく，参加命令の相手方にはならないと解される（内田「執行関係訴訟理論と実務」215頁(3)）。

(3) 参加命令の審理・裁判

ア 取立訴訟への参加命令の審理

この参加命令の裁判は，口頭弁論を経ないですることができる（民執157条2項・193条2項）。

イ 取立訴訟への参加命令申立てに対する裁判〔決定〕

裁判所は，参加命令申立てがその要件を満たしていると判断すれば参加命令を発令する。要件を満たしていないと判断される場合は却下決定をする。被告第三債務者が申立ての際に提出した相手方の差押命令・送達証明等から訴状送達時までの相手方の差押え（差押命令の第三債務者への送達（民執145条4

第4節　取立訴訟の訴訟手続
第1　当事者等　　　　　　　　　　　　　　　　　　　　145

項・193条2項）（民執157条1項・193条2項）が認められれば，参加命令を発し，認められなければ却下決定をすることになる。
　参加命令は，取立訴訟に共同訴訟人として原告に参加すべきことを命ずることを内容とする（民執157条1項・193条2項）。
　ウ　取立訴訟への参加命令の告知
　参加命令は，決定の方式でなされることから，告知の方法は相当と求められる方法で行えば足りることになる（民執20条（民訴119条））。しかし，参加命令は，他の差押債権者に対して取立訴訟の判決効が及ぶ（民執157条3項・193条2項）という重大な裁判であり，参加命令の申立てに対する裁判については不服申立てを認めるのが相当であることからすれば，（下記エ参照），決定正本送達の方法によることが望ましいといえる（「執行関係訴訟諸問題」366頁・367頁，内田「執行関係訴訟理論と実務」217頁）。また，参加命令は，原告に対しても告知しておくのが望ましいといえる（「注釈民執法6」602頁，内田「執行関係訴訟理論と実務」217頁）。
　エ　取立訴訟への参加命令に対する不服申立て
　参加命令申立てに対する裁判については不服申立てを認める規定はない。参加命令申立てに対する裁判は，受訴裁判所の決定であるから執行異議（民執11条）の対象とならない（「執行関係訴訟諸問題」366頁・367頁，内田「執行関係訴訟理論と実務」217頁）。取立訴訟の判決の効力が，参加すべきことを命じられた差押債権者で参加しなかった者にも及ぶ（民執157条3項・193条2項）ことなどからすれば，申立ての認容決定に対しても，却下決定に対しても，即時抗告ができると解すべきである（「注釈民執法6」602頁，内田「執行関係訴訟理論と実務」217頁）。
　オ　取立訴訟への参加命令の効果
　取立訴訟の判決の効果は，その効果が有利であっても不利であっても，参加命令を受けて参加しなかった者に及ぶことになる（民執157条3項・193条2項）。参加命令を受けて参加しなかった者が別に提起した取立訴訟は，重複起訴の禁止に抵触し，不適法となる（「執行関係訴訟諸問題」367頁）。

取立訴訟に共同訴訟参加した者には，その者が参加命令を受けたか否かにかかわらず，取立訴訟の判決効が及ぶことになる（「執行関係訴訟諸問題」367頁）。

  ＊　参加命令のない場合の競合債権者の取立訴訟の提起→本章本節**第1 Ⅳ**（146頁）参照

2　競合債権者の取立訴訟への訴訟参加手続

参加を命じられた差押債権者が共同訴訟人として参加するか否かは，その債権者の自由である。ただ，参加を命じられて参加しなかった差押債権者には，取立訴訟の判決（勝訴，敗訴にかかわらず）の効力が及ぶことになる（民執157条3項・193条2項）。

取立訴訟の訴状が第三債務者へ送達される時までに二重差押えをした他の債権者は，参加命令を受けたかどうかを問わずに，訴訟係属中に，原告の共同訴訟人（民訴52条）として参加することができる（内田「執行関係訴訟理論と実務」217頁，深沢＝園部「執行の実務(中)〔補訂〕」676頁）。

参加申立ての方式は，原告の共同訴訟参加人としての参加であるから，訴え提起の形式を採り，原告の訴えと同一内容でなければならない（竹下ほか「民事執行基本構造」479頁〔山口繁〕，内田「執行関係訴訟理論と実務」217頁・218頁，深沢＝園部「執行の実務(中)〔補訂〕」677頁）。具体的には，参加の申出と共に，取立権の発生原因事実及び被差押債権の発生原因事実の主張をしなければならない。共同訴訟参加の申出が適法と判断されれば，対象となった取立訴訟は，類似必要的共同訴訟（民訴40条）となる。したがって，原告となった差押債権者の訴訟行為は，全員の利益になる場合でなければ効力を生じないことになり，合一確定の要請が働くことになる（内田「執行関係訴訟理論と実務」218頁）。

Ⅳ　参加命令のない場合の競合債権者の取立訴訟の提起

第三債務者からの参加命令申立てがない場合に，競合差押債権者が取立訴訟を提起するには，取立訴訟の判決の効力が債務者に及ぶと解するのであれ

ば，参加命令を受けなかった差押債権者の別訴による取立訴訟の提起は重複起訴（民訴142条）となってしまうので，共同訴訟参加の方式（民訴40条）によってしなければならないと解される（内田「執行関係訴訟理論と実務」218頁）。ただ，競合する差押債権者が，別に取立訴訟を提起してしまったことが判明した場合は，取立訴訟係属裁判所は，他方の取立訴訟を移送するなどして，併合して審理すべきである（深沢＝園部「執行の実務㊥〔補訂〕」677頁）。

第2　取立訴訟の管轄

　取立訴訟の訴訟物は被差押債権であるから，その訴訟は，被差押債権について事物管轄及び土地管轄を有する裁判所が管轄することになる（深沢＝園部「執行の実務㊥〔補訂〕」674頁イ）。取立訴訟の事物管轄の基準となる訴額（民訴8条）は，被差押債権額を基準に定めるのが原則であるが，被差押債権額が請求債権を超える場合（民執146条）は，取立債権者（原告）の請求債権額を限度とする（園部「書式債権・動産等執行実務〔全訂14版〕」329頁）。

第3　当事者の主張

I　請求の趣旨

1　取立訴訟の請求の趣旨

　取立訴訟の請求の趣旨は，債権者が競合しないときには，通常の給付訴訟と同様に，「被告は，原告に対し，○○○万○○○○円を支払え。」となる。
　競合する差押債権者又は配当要求債権者が存在する場合の主文は，供託の方法により支払をすべき旨が主文に掲げられる（民執157条4項・193条2項）が，供託義務は第三債務者に課される義務であり，取立権自体が供託請求権に変わるわけではないから，訴状の請求の趣旨においては，その旨の記載がなく

ともよいと解される。ただ，競合債権者がいることが判明している場合は，供託の方法によるべきことを記載することは，訴訟進行のうえからも有効であり，望ましいといえる（競合差押債権者が共同原告となる場合は「被告は，原告らに対し，○○○万○○○○円を支払え。上記支払は供託の方法によらなければならない。」となり，一人の差押債権者が競合差押え又は配当要求のあることを知って訴えを提起する場合は「被告は，原告に対し，○○○万○○○○円を支払え。上記支払は供託の方法によりしなければならない。」となる。）（「執行関係訴訟諸問題」355頁・356頁，内田「執行関係訴訟理論と実務」208頁）。

❷ 取立訴訟での請求金額

被差押債権の額が請求債権（執行債権及び執行費用）を超える場合，当該債権全部の差押えができ（民執146条1項），取立訴訟でも，請求できる額は，被差押債権全額ということになる（民執157条1項）。そして，被保全債権額全額について勝訴判決をすることができ，その範囲で執行文の付与を受けて強制執行の申立てができることになるが，支払を受けることができる額は，請求債権（執行債権及び執行費用）の額に限定されることになる（民執146条1項・155条1項ただし書（193条2項））（富越和厚・NBL199号17頁・18頁）。しかし，実務上は，取立権の範囲が請求債権（執行債権及び執行費用）の額に限定されることから（民執146条1項・155条1項ただし書（193条2項）），被差押債権の額を請求債権（執行債権及び執行費用）の額に一致させることが多く，その場合はその範囲で取立訴訟を提起することになる。

❸ 取立訴訟における被差押債権の範囲内の請求──取立訴訟における被差押債権の遅延損害金の請求

取立訴訟の訴訟物として請求できるのは被差押債権の範囲内のものである。債権差押命令申立てにおいては，第三債務者の負担を考え，実務上，債権者の請求債権について利息・損害金を請求する場合においても申立て時までの確定金額とし，請求債権を特定させ，その範囲内での被差押債権の差押えを

する取扱いとしている。そうすると，取立訴訟において請求できる金額もその確定された被差押債権の範囲内ということになる。ただ，差押えの効力は，差押命令に明示がなくとも差し押さえるべき債権の従たる権利にも及び，差押えの第三債務者への送達により差押命令の効力が生じた後の遅延損害金にも当然に及び，それも被差押債権として取立てができると考えることもできる。これについては，このような遅延損害金は差押えの対象とならないとの考え方もあり，実務では，被差押債権の遅延損害金の支払を求める付帯請求の部分は撤回を求められることが多い（「簡裁民事研究報告書集」204頁5，深沢＝園部「執行の実務㊥〔補訂〕」670頁）。

> ☞ 「簡裁民事研究報告書集」204頁5は，事件の経過とともに額が変動する遅延損害金を差押えの対象とし，差押命令で差押えの限度が確定額で切られていると，給料債権等の継続的給付においては，被差押債権の合計額が差押えの限度額に達した後は，日々発生する遅延損害金が逐次被差押債権となっていくに伴い，その分だけ元本たる給料等の被差押債権の一部が逐次差押えから解放されていくという，時間の経過と共に被差押債権が入れ替わることを認めざるを得ず，そのように差押えの範囲が浮動的になると，第三債務者その他の利害関係人に不測の不利益を及ぼし，法的安定性を損ない，本来の権利関係の外にいた第三債務者にそのような複雑な計算を余儀なくさせることには問題があり，差押債権者に遅延損害金の請求を撤回させ，遅延損害金は請求しないという実務慣行を定着させるべきであるとする。

Ⅱ 請求の原因

1 取立訴訟の請求原因

取立訴訟の請求の原因としては，㋐被差押債権の発生原因事実のほか，㋑原告の取立権の発生原因事実として，①債権差押命令の発令，②同命令の第

三債務者への送達（差押えの効力発生（民執145条4項・193条2項）），③同命令の債務者への送達，及び④③の日から1週間の経過（取立権の発生（民執155条1項・193条2項））があったことを記載する（「執行関係訴訟諸問題」356頁・357頁，内田「執行関係訴訟理論と実務」209頁4）。

❷ 取立訴訟における被差押債権の発生原因事実の特定

　被差押債権の発生原因事実については，訴訟物の特定の関係で，通常の訴訟と同様に，発生の日付，内容等で特定して記載する必要があるが，債権差押命令で特定されているはずであるから（民執規133条2項・179条2項），その記載されている内容に従って記載すればよい。ただ，給料債権，賃料債権等の継続的給付債権，あるいは銀行預金債権等については，債権差押命令の段階では執行裁判所が差押債権者に正確な特定を求めていないので，差押債権者としては，あらかじめ第三債務者に対する陳述催告の申立てをして，その回答を得ておき，現実に取立権が及んだ範囲を確認したうえでこれを特定して記載するようにする必要がある（園部「書式債権・動産等執行実務〔全訂14版〕」330頁）。給料債権の取立訴訟においては，給料債権の発生原因事実である労働契約の締結・内容及び労務の提供を主張しなければならないが，差押債権者がその事実を明確に把握することは難しく，その主張の程度は，被告の防御に不利益を生じない程度に特定されていれば，ある程度包括的・抽象的な主張でも認容されると思われる（「簡裁民事執務資料」44頁(2)(ｱ)・(ｲ)，深沢＝園部「執行の実務㊥〔補訂〕」670頁）。

4-1 取立訴訟の訴状の請求の趣旨・原因（債権者競合のない給料債権）

請 求 の 趣 旨
1 　被告は，原告に対し，○○○万○○○○円を支払え。
2 　訴訟費用は被告の負担とする。
との裁判並びに仮執行の宣言を求める。

請 求 の 原 因
1 　債権差押命令とその送達
　　原告は訴外○○△△（以下，「訴外○○」という。）の被告に対する○○地方裁判所平成○年（ワ）第○○○号……請求事件の執行力ある判決正本を債務名義として，訴外○○が被告に対して有する給料等債権を被差押債権とする債権差押命令（○○地方裁判所平成○年（ル）第○○○号）の申立てをし，平成○年○月○日付で発令を受け，上記命令は同年○月○日第三債務者である被告に対し，同月○日債務者である訴外○○に対し，それぞれ送達された。
2 　被差押債権の存在
　　訴外○○は，遅くとも平成○年○月○日以降現在まで被告会社に雇用されて勤務しており，少なくとも手取りで50万円の月給（基本給と通勤手当を除く諸手当の合計額から，給与所得税，住民税，社会保険料を控除した額）を得ている。
3 　取立権の発生
　　原告は，訴外○○の被告に対する給料債権のうち平成○年○月分から平成○年○月分までの各月○○万円（手取額の33万円を超える部分）及び平成○年○月分の○万○○○○円の合計額○○○万○○○○円について，上記1により差し押さえたので，同債権について取立権を有する。
4 　結論
　　よって，原告は，被告に対し，訴外○○の被告に対する平成○年○月分から平成○年○月分までの給料債権合計額○○○万○○○○円の支払を求めて，本訴に及ぶ。

❸ 原告差押債権者が支払を受けていない債権額の記載

　差し押さえるべき債権が差押債権者の請求債権（執行債権及び執行費用）の合計額を超えるときは，当該債権全部の差押えができ（民執146条1項・193条2項），取立訴訟でも，請求できる額は，被差押債権全額ということになる（民執157条1項・193条2項）。ただ，差押債権者の請求債権（執行債権及び執行費用）の合計額を超えて支払を受けることはできない（民執155条1項ただし書・193条2項）（「執行関係訴訟諸問題」358頁・359頁，深沢＝園部「執行の実務㊥〔補訂〕」669頁）。そして，差押債権者としても，一部支払を受けていることもある。そのような本来取立てができない部分にまで判決をすると，差押債権者の二重取りの可能性が生じ，その分については，被告第三債務者は請求異議の訴えや不当利得返還請求の訴えができるとしても，そのような対応をしなければならないことにも問題があると思われる。そこで，取立訴訟提起の段階で，請求債権（執行債権及び執行費用）及び被告第三債務者から支払を受けた額を記載させ，その限度で請求をするのが相当である（「簡裁民事研究報告書集」203頁(6)，東京地裁「債権執行諸問題」146頁Ⅶ，深沢＝園部「執行の実務㊥〔補訂〕」669頁）。

Ⅲ　抗弁等

❶ 取立訴訟における取立権発生原因事実に対する抗弁

(1)　原告の差押命令の取消し・強制執行の取下げ

　原告の差押命令の取消しや強制執行の取下げは，取立権の効力を消滅させる事由であるから，抗弁となる（「執行関係訴訟諸問題」358頁，内田「執行関係訴訟理論と実務」210頁(ｱ)）。

(2)　原告の差押えの無効・取消し

　被告である第三債務者は，原告の差押命令が無効である場合，無効主張権者は制限されないから，原告である差押債権者に主張することができると解

される（「執行関係訴訟諸問題」358頁，内田「執行関係訴訟理論と実務」210頁）。

　原告の差押命令の取消原因については，民事執行法上執行抗告（民執145条5項（193条2項）・10条）によって争う途を認めており，第三債務者もこれを申し立てることは可能であることから，取立訴訟での抗弁として認める必要性はないと思われる（宮脇「強制執行法（各論）」151頁，「注解民執法(4)」587頁，「執行関係訴訟諸問題」358頁，内田「執行関係訴訟理論と実務」210頁）。

(3)　差押命令の基となった債務名義・担保権の実体的要件

　被告第三債務者は，取立訴訟で差押命令の基となった債務名義の執行債権（最判昭45・6・11民集24巻6号509頁・判タ251号183頁・判時598号64頁）や実行担保権の実体的要件の存否を争うことはできない。それは，債務者が請求異議訴訟（民執35条）又は担保権不存在確認訴訟等で争うべき事実である（中野=下村「民執法」715頁，内田「執行関係訴訟理論と実務」210頁(ウ)・219頁(2)，深沢=園部「執行の実務(中)〔補訂〕」672頁ホ)。

(4)　差押債権者に対する執行停止

　執行停止文書（民執39条1項7号・8号）が差押命令を発令した執行裁判所に提出されたときは，裁判所書記官は，差押債権者及び第三債務者に対し，これらの文書が提出された旨及びその要旨，並びにこれらの文書の提出による執行停止が効力を失うまで，差押債権者は取立て又は引渡しの請求をしてはならず，第三債務者は被差押債権について支払又は引渡しをしてはならない旨通知しなければならないと，民事執行規則で規定されている（民執規136条2項・179条2項）。ここで，差押債権者による取立て等の禁止が通知内容となっていることからすると，執行停止によって，いったん発生した取立権が一時的に否定され，差押債権者は，一時的に取立訴訟の原告適格を喪失すると解すべきである。そうすると，差押債権者に対する執行停止の主張は，当事者適格を基礎づける請求権の阻止事由とみて，取立権の行使を妨げる事由として抗弁になると解される（「注解民執法(4)」589頁，内田「執行関係訴訟理論と実務」210頁・211頁）。

　ここでの抗弁は，手続の一時停止をもたらす訴訟手続上の主張であり，そ

の主張の効果は，訴え却下判決でなく，事実上の訴訟停止をもたらすものとする。実務的には，かかる執行停止の主張立証がされた場合，裁判所は続行期日が指定されていればそれを取り消し，次回期日は追って指定とすることになると思われる。ただ，他の差押債権者が共同訴訟人となっている場合，手続全体を停止することは相当でないから，この執行停止の抗弁は失当とならざるを得ない（内田「執行関係訴訟理論と実務」211頁）。

2 取立訴訟における被差押債権の発生原因事実に対する抗弁等

被差押債権の発生原因事実に対し，被告第三債務者は，債務者に主張できるものであれば，それを取立訴訟において抗弁として主張できる（「執行関係訴訟諸問題」360頁，内田「執行関係訴訟理論と実務」211頁）。

(1) 被差押債権の不存在又は消滅

被差押債権の不存在又は消滅を抗弁として主張できる。具体的には，被差押債権の弁済，債務免除，消滅時効等である（内田「執行関係訴訟理論と実務」211頁）。

差押え当時（差押命令が第三債務者に送達された時点）で存在し又は主張し得た事由であれば当然抗弁として主張できる。差押え後の債務者に対する弁済を抗弁として主張する場合は，差押えの事実を知らずに行ったものでなければならないと解される（民478条参照）（松本「執行保全法」282頁，内田「執行関係訴訟理論と実務」212頁）。

> 最判平24・9・4判タ1384号122頁・判時2171号42頁・集民241号63頁（「賃貸人が賃借人に賃貸借契約の目的物である建物を譲渡したことにより賃貸借契約が終了した以上は，その終了が賃料債権の差押えの効力発生後であっても，賃貸人と賃借人との人的関係，当該建物を譲渡するに至った経緯及び態様その他の諸般の事情に照らして，賃借人において賃料債権が発生しないことを主張することが信義則上許されないなどの特段の事情がない限り，差押債権者は，第三債務者

第4節　取立訴訟の訴訟手続
第3　当事者の主張

> である賃借人から，当該譲渡後に支払期の到来する賃料債権を取り立てることができないというべきである。」）

(2) 被告第三債務者の債務者に対して有する反対債権による相殺

被告第三債務者が債務者に対して有していた債権を自働債権として相殺を主張するには，差押えの効力発生時以前に自働債権を取得していなければならず，これは，差押え後で被差押債権の履行期到来前に自働債権の履行期が到来したとして相殺を主張する場合も同様である（民511条）（最大判昭45・6・24民集24巻6号587頁・判タ249号125頁・判時595号29頁）（「執行関係訴訟諸問題」360頁，内田「執行関係訴訟理論と実務」212頁(イ)，深沢＝園部「執行の実務(中)〔補訂〕」671頁）。

> ☞　松本「執行保全法」282頁は，反対債権が差押えの効力発生前に取得された場合も，差押え後かつ被差押債権の履行期到来後に履行期に達したものは，第三債務者が相殺できないと解すべきであるとする。

(3) 被告第三債務者が原告差押債権者に対して有する反対債権による相殺

被告第三債務者が原告差押債権者に対して有する債権を自働債権として被差押債権と相殺する旨の主張については，単独差押えの場合，取立訴訟の係属後は債権者が競合することはなく（民執165条2号），供託義務が生ずることはなく，自働債権が差押え前に取得したものである場合には相殺を認めてよいと解すべきである（田中「新民執法の解説〈増補改訂版〉」335頁，内田「執行関係訴訟理論と実務」212頁・213頁，深沢＝園部「執行の実務(中)〔補訂〕」671頁）。

競合差押債権者又は配当要求債権者が存する場合は，第三債務者は供託が義務づけられ（民執156条2項），この供託金について配当等の手続を実施しなければならないので，第三債務者は，被告第三債務者が原告差押債権者に対して有する債権を自働債権として被差押債権と相殺することは許されない（「執行関係訴訟諸問題」360頁，内田「執行関係訴訟理論と実務」212頁）。したがって，被告第三債務者のこの相殺の主張に対し，原告差押債権者は，競合差押債権

者又は配当要求債権者の存在の事実を，再抗弁として主張立証することができる（内田「執行関係訴訟理論と実務」212頁）。

(4) 先行する滞納処分による差押えの主張

強制執行による差押債権者は，滞納処分がされている部分については，滞納処分が解除されない限り，取立てはできないとされている（滞調20条の5）。そのため，滞納処分による差押えが先行している場合に，取立訴訟の被告である第三債務者は，被差押債権につき滞納処分による差押えが先行している旨を抗弁で主張することができるかが問題となる。これについては，滞納処分による差押えが取立訴訟の係属中に解除される可能性があることから，このような抗弁の主張はできないと解すべきである。これは，取立訴訟を提起した債権者が，その差押えに先行する滞納処分による差押事件において配当を受ける地位にない場合も同様である（内田「執行関係訴訟理論と実務」213頁）。

この場合，取立訴訟において原告差押債権者が勝訴判決を得たとしても，滞納処分による差押えの解除や，先行する滞納処分による差押えの取消し等がない限り，原告差押債権者の差押えに係る部分の強制執行は認められず，原告差押債権者の勝訴判決を債務名義とする強制執行に対しては，第三債務者は請求異議の訴えを提起することができる（内田「執行関係訴訟理論と実務」213頁）。

❸ 取立訴訟における差押債権者の取立てに応じた支払の抗弁

被告第三債務者が，差押債権者の取立てに応じて支払をしたことは抗弁となし得る（深沢＝園部「執行の実務㊥〔補訂〕」671頁）。

第5節　取立訴訟の終了

第1　取立訴訟の判決

Ⅰ　取立訴訟の判決の種類

1　取立訴訟における訴え却下判決・請求棄却判決

(1)　取立権の発生原因事実の欠缺による訴え却下判決

　取立権の発生原因事実が認められないか，これについての抗弁が成立する場合は，原告差押債権者の地位について法定訴訟担当説に従う限り，差押債権者が原告適格を失うことになるから，訴訟要件を欠くことになり，訴え却下判決をすることになる（内田「執行関係訴訟理論と実務」223頁(1)）（本章**第4節第1ⅡⅠ**（141頁）参照）。

> 　原告差押債権者について固有権説（本章**第4節第1ⅡⅠ**（141頁）参照）に従えば，請求棄却判決をすることになる（内田「執行関係訴訟理論と実務」224頁32)）。

(2)　被差押債権の発生原因事実の欠缺による請求棄却判決

　被差押債権の発生が認められないか，これについて抗弁が成立する場合は，請求に理由がないことになり，請求棄却判決をすることになる（内田「執行関係訴訟理論と実務」224頁(2)）。

2 取立訴訟の認容判決

(1) 訴状送達時までに債権者の競合が生じなかったときの判決主文

　取立訴訟の請求を認容する判決主文は，その訴状送達時までに債権者の競合が生じなかったときは（民執157条1項・165条2号（193条2項）参照），「被告は，原告に対し，〇〇〇万〇〇〇〇円を支払え。」という単純な給付判決を命ずる主文となる（内田「執行関係訴訟理論と実務」222頁，園部「書式債権・動産等執行実務〔全訂14版〕」332頁，深沢＝園部「執行の実務㊥〔補訂〕」673頁イ）。

　差押えの際に，請求債権（執行債権及び執行費用）に限定して被差押債権の一部を差し押さえた場合で，債権者の競合がないときは，取立権の範囲がその額に限定されることになるから（民執146条1項・155条1項ただし書（193条2項）），その範囲内で給付を命ずることになり，この場合の請求認容の主文は，「被告は，原告に対し，〇〇〇万〇〇〇〇円に満つるまで，△△△万△△△△円とこれに対する平成〇年〇月〇日から支払済みまで年〇％の割合による金員を支払え。」などとなる（仙台高判昭62・12・23判タ674号200頁・判時1273号65頁）（園部「書式債権・動産等執行実務〔全訂14版〕」332頁，深沢＝園部「執行の実務㊥〔補訂〕」674頁ニ）。

(2) 取立訴訟の訴状の送達までに債権者の競合が生じたときの判決主文

　取立訴訟の訴状の送達までに債権者の競合が生じたときは（民執157条1項・165条2号（193条2項）参照），被告である第三債務者は供託義務を負うことになるので（民執156条2項・193条2項），請求認容の判決主文は，「被告は，原告に対し，〇〇〇万〇〇〇〇円を支払え。上記支払は供託の方法でしなければならない。」のような供託の方法で支払う旨の給付判決（供託判決）となる（民執157条4項・193条2項）（園部「書式債権・動産等執行実務〔全訂14版〕」332頁，深沢＝園部「執行の実務㊥〔補訂〕」677頁）。

　これは，被告第三債務者が主張すると否とにかかわらず，供託義務が認められるときは供託判決をすることになり，もし単純給付判決が出た場合でも，第三債務者は供託をもって取立権の行使に応じなければならないからである

第5節　取立訴訟の終了
第1　取立訴訟の判決

（「執行関係訴訟諸問題」372頁，内田「執行関係訴訟理論と実務」223頁）。

(3) 競合債権者が差押えを解放して差押債権者が1人となった場合の判決主文

訴訟係属中に競合債権者の一部が差押えを解放し（訴えの取下げ又は参加申立ての取下げをする。），差押債権者の1人が訴訟を維持することとなった場合，第三債務者の供託義務は消滅し，裁判所は，単純給付を命ずる判決をすることになる（深沢＝園部「執行の実務(中)〔補訂〕」675頁ホ）。

Ⅱ　取立訴訟の判決の効力

1　取立訴訟判決の債務者に対する効力

取立訴訟の原告差押債権者の地位について法定訴訟担当説に従う限り，判決の結果いかんにかかわらず，債務者にも判決の効力が及ぶことになる（上原敏夫・民事訴訟雑誌28号146頁，浦野雄幸ほか「研究会・民事執行実務の諸問題(8)」判タ530号43頁〔竹下守夫発言〕，内田「執行関係訴訟理論と実務」224頁）（本章**第4節第1**Ⅱ**❶**（141頁）参照）。これに対し，取立訴訟の原告差押債権者の地位について固有権説に従えば，取立訴訟の判決の効力は債務者には及ばないと解されている（田中「新民執法の解説〈増補改訂版〉」336頁，中野＝下村「民執法」719頁，深沢＝園部「執行の実務(中)〔補訂〕」674頁・678頁，同「(下)〔補訂〕」278頁）（本章**第4節第1**Ⅱ**❶**（141頁）参照）。

> ☞　法定訴訟担当説を採りながら原告差押債権者勝訴の場合のみ債務者に効力が及ぶとする見解（「注解民執法(4)」590頁以下，竹下ほか「民事執行基本構造」476頁〔山口繁〕）もある。

2　取立訴訟判決の債権者に対する効力

取立訴訟判決（供託判決）は，原告差押債権者及び共同訴訟人として参加

した各債権者並びに参加すべきことを命じられて参加しなかった債権者に対しその効力が及ぶ（民執157条3項・193条2項）。その判決の内容が当該債権者に有利か不利かを問わない（内田「執行関係訴訟理論と実務」224頁，中野＝下村「民執法」718頁・719頁，深沢＝園部「執行の実務㊥〔補訂〕」677頁）。

被告第三債務者が参加申立てをしなかったために参加命令を受けなかった差押債権者で訴訟に参加しなかった者には，判決の効力は及ばない（中野＝下村「民執法」719頁）。したがって，その債権者は，その判決に拘束されることなく，第三債務者に対して別に取立訴訟を提起することができることになる（深沢＝園部「執行の実務㊥〔補訂〕」677頁）。

> 内田「執行関係訴訟理論と実務」224頁・225頁は，「参加命令制度の趣旨が，第三債務者の応訴負担の軽減という点にあるとすれば，参加命令を受けたか否かで差押債権者による訴え提起の禁止の範囲が決定されるというのは，やや不徹底の嫌いがある。取立訴訟と同時審判の可能性が肯定できる差押債権者，あるいは差押債権者でない一般債権者に対しては，参加命令が出されたか否かにかかわらず，取立訴訟の判決効を及ぼすことが考えられてよいが，その理論構成ないし正当化根拠については，なお今後の課題である。」とする。

Ⅲ　取立訴訟の認容判決の実行

1　取立訴訟の給付判決の強制執行

取立訴訟の給付判決は債務名義となるので，これに執行文の付与を受ければ，被告である第三債務者の責任財産に対して，判決に表示された差押債権全額の全部（請求債権を超えることもあり得る（民執146条1項参照）（本章**第4節第3　Ⅰ❷**（148頁）参照））について強制執行をすることができる（富越和厚・NBL199号17頁・18頁）。配当等の段階では，請求債権（執行債権及び執行費用の合計額）の範囲内において支払を受けることになる（民執155条1項ただし書・193条2

第5節　取立訴訟の終了
第1　取立訴訟の判決

項）（園部「書式債権・動産等執行実務〔全訂14版〕」332頁，深沢＝園部「執行の実務㈠〔補訂〕」678頁）。

2 供託判決の強制執行

供託判決を受けた差押債権者も，これに執行文の付与を受ければ，被告である第三債務者の責任財産に対して判決に表示された金額の全部について，強制執行をすることができる（園部「書式債権・動産等執行実務〔全訂14版〕」333頁，深沢＝園部「執行の実務㈠〔補訂〕」678頁）。また，第三債務者に対する強制執行が係属中であるときは，供託判決に基づいて配当要求の申立てをすることができる（深沢＝園部「執行の実務㈠〔補訂〕」678頁）。

ただ，その結果配当等を受ける際には，現実に配当金又は弁済金の交付を受けることはできず，執行機関がその額に相当する金銭を供託することになる（民執157条5項・193条2項）（園部「書式債権・動産等執行実務〔全訂14版〕」333頁，深沢＝園部「執行の実務㈠〔補訂〕」678頁）。執行機関が供託したときは，執行申立てをした差押債権者が債権執行裁判所に事情届を提出する（深沢＝園部「執行の実務㈠〔補訂〕」678頁）※。この供託された金銭について，取立訴訟の根拠となった債権執行手続において配当等の手続が実施されることにより（民執166条1項1号後段），差押債権者が満足を受けることになる（園部「書式債権・動産等執行実務〔全訂14版〕」333頁，深沢＝園部「執行の実務㈠〔補訂〕」678頁）。

　※　竹下ほか「民事執行基本構造」481頁〔山口繁〕は，執行機関において債権執行裁判所に対し供託した旨の連絡をするとする。

原告差押債権者が，供託判決に基づいて，被告第三債務者が有する債権に対し強制執行（第二次強制執行）をした場合には，被告第三債務者の債務者（第二次執行の第三債務者）は，その債権執行において競合債権者がいないときでも，民事執行法157条5項の趣旨から，必ず差押えに係る債権に相当する金銭を供託して，その旨の事情届を，供託書正本を添えて第二次債権執行の執行裁判所に提出しなければならない。この事情届を受けた第二次債権執行裁判所

は，配当等を実施し，供託判決に係る債権に支払われるべき配当等の額を第一次債権執行裁判所の執行裁判所に供託書を添付して通知し，第一次債権執行の執行裁判所は，この通知により配当等を実施することになる（田中「新民執法の解説〔増補改訂版〕」343頁，中野＝下村「民執法」720頁，深沢＝園部「執行の実務㈢〔補訂〕」678頁・679頁）。

　供託判決後に，競合債権者のすべての差押えが解放されたときは，債務者が同判決に承継執行文の付与を受けて，第三債務者の財産に対して強制執行をすることができる。この場合の供託主文排除の方法としては，各差押えに関する取下げ・取消しの証明で足り，請求異議訴訟による必要はない。供託主文は，執行手続上の供託義務を確認し，第二次執行の執行機関にその義務を転化するものであって，第三債務者の実体法上の義務を宣言するものではないからである（富越和厚・NBL200号59頁，深沢＝園部「執行の実務㈢〔補訂〕」679頁）。

第2　取立訴訟における訴えの取下げ，請求の放棄，和解

Ⅰ　取立訴訟における訴えの取下げ

　取立訴訟において，原告差押債権者は，訴えの取下げは自由にできる（深沢＝園部「執行の実務㈢〔補訂〕」672頁）。

Ⅱ　取立訴訟における請求の放棄

　原告差押債権者は，被差押債権の取立権が取得するが，その処分権はないので，請求の放棄をすることはできない（深沢＝園部「執行の実務㈢〔補訂〕」672頁）。

Ⅲ 取立訴訟における和解

1 被差押債権の処分を内容とする和解

　原告差押債権者は，被差押債権の取立権を取得するが，その処分権は債務者に残っているので，被差押債権の処分を内容とする和解はできない。すなわち，被差押債権の譲渡，債務の免除，期限の猶予，分割弁済等を内容とする合意をしても，これを債務者に主張することはできない。この場合，執行債務者を利害関係人として参加させ，三者間で合意すれば和解が可能である（大阪地判平17・11・29判タ1203号291頁・判時1945号72頁）（「執行関係訴訟諸問題」382頁・383頁，東京地裁「債権執行諸問題」155頁，内田「執行関係訴訟理論と実務」225頁，深沢＝園部「執行の実務(中)〔補訂〕」672頁・675頁，「和解条項実証的研究〔補訂版〕」11頁，「和解書記官事務研究」139頁）。

2 供託による支払の合意

　債権者の競合がある場合の供託請求訴訟では，供託義務の履行を求める訴えであり，それ以外の処分をする合意は許されないとも解されるが，利害関係人として参加した債務者及び競合債権者間で合意が成立していれば，その内容が供託義務制度の趣旨に反しなければ，その効力を認めても妨げないと解される（竹下ほか「民事執行基本構造」480頁(1)〔山口繁〕）。この場合の条項としては，「被告は，原告に対し，〇〇万円を支払う。この支払については供託の方法によるものとする。」といったものが考えられる（内田「執行関係訴訟理論と実務」226頁，「和解書記官事務研究」139頁）。

3 各債権者に直接支払をする旨の合意

　配当を受けるべき債権者全員が訴訟上の和解に参加し，被告である第三債務者の供託を経ずに，合意（和解）により配当を実施することができるかに

ついては，義務供託の制度との関係で問題となる。これについては，配当の順位及び額について，配当期日における債権者間の合意により決めることができることからすれば（民執166条2項（85条1項ただし書）・193条2項），供託を経ないでされた訴訟上の和解による配当（分配）も認容されると解される（「執行関係訴訟諸問題」384頁・385頁，内田「執行関係訴訟理論と実務」226頁(2)，「和解書記官事務研究」140頁）。

第5章

執行文付与の訴え

第1節　執行文付与の訴えの対象

第1　条件成就及び承継の事実

　執行文の付与を求める債権者が，付与の特別要件である条件成就又は承継の事実について文書の提出をすることができないときは，条件成就執行文又は承継執行文の付与を求めて，執行文付与の訴えを提起することができる（民執33条1項）。

　債権者は，条件成就執行文又は承継執行文の付与拒絶処分があった後に執行文付与の訴えを提起することができ，また，当該執行文付与の申立てをしないで直ちに執行文付与の訴えを提起してもよい（深沢＝園部「執行の実務(下)〔補訂〕」572頁）。

第2　非免責債権であることを理由とする破産債権表につき執行文付与の訴え提起の可否

　民事執行法33条（執行文付与の訴え）1項は，その規定の文言に照らすと，執行文付与の訴えにおける審理の対象を，請求が債権者の証明すべき事実の到来に係る場合におけるその事実の到来の有無又は債務名義に表示された当事者以外の者に対し，もしくはその者のために強制執行をすることの可否に限っており，破産債権者表に記載された確定した破産債権が非免責債権に該当するか否かを審理することを予定していないものと解され（最判昭52・11・24民集31巻6号943頁・判タ357号230頁・判時874号42頁），免責許可決定が確定

した債務者に対して確定した破産債権を有する債権者が，当該破産債権が非免責債権に該当することを理由として，当該破産債権が記載された破産債権者表に基づいて執行文付与の訴えを提起することは許されないと解される（最判平26・4・24民集68巻4号380頁・判タ1402号61頁・判時2225号68頁）。

　破産事件の記録の存する裁判所の裁判所書記官は，破産債権表に免責許可決定確定の旨の記載があっても，破産債権者表に記載された確定した破産債権がその記載内容等から非免責債権に該当すると認められるときは，民事執行法26条の規定により執行文の付与を受けることができる（最判平26・4・24民集68巻4号380頁・判タ1402号61頁・判時2225号68頁）。破産債権者表等の記載からその債権が非免責債権であるとは認められず，執行文の付与を受けられない場合，当該債権者の債権者は，別途当該破産債権に基づく給付訴訟を提起し，当該債権が非免責債権であることを主張立証することができると解される（最判平26・4・24解説（判タ1402号62頁・判時2225号70頁），山本浩美・判時2244号166頁（判例評論673号36頁））。

第2節 執行文付与の訴えの性質及び訴訟物

　執行文付与の訴えの性質については，形成訴訟説，給付訴訟説，確認訴訟説，救済訴訟説，命令訴訟説などの見解があるが，確認訴訟説が多数説である（「注解民執法(1)」553頁，中野＝下村「民執法」267頁・273頁(2)，内田「執行関係訴訟理論と実務」188頁6，深沢＝園部「執行の実務(下)〔補訂〕」573頁）。

① 形成訴訟説

　執行文付与の訴えを，債務名義に対し執行文を付与すべきことを命ずる判決を求める訴え，又はこの訴えにより原告に執行文付与請求権という訴訟法上の権利を与える形成の訴えであるとする説である（内田「執行関係訴訟理論と実務」187頁1，深沢＝園部「執行の実務(下)〔補訂〕」573頁②）。

② 給付訴訟説

　執行文付与の訴えを，債務名義に表示されている請求権について，従前の訴訟の続行として，その履行を求める給付の訴えと解する説である（内田「執行関係訴訟理論と実務」187頁2，深沢＝園部「執行の実務(下)〔補訂〕」573頁①）。

③ 確認訴訟説

　執行文付与の訴えを，債務名義が執行文付与の要件を備えていること，すなわち執行文付与の許容性又は執行力の現存の確認を求める訴訟上の確認の訴えであるとする説である（「注解民執法(1)」553頁，中野＝下村「民執法」267頁，内田「執行関係訴訟理論と実務」187頁3，深沢＝園部「執行の実務(下)〔補訂〕」574頁③）。

④ 救済訴訟説

　執行文付与の訴えを，執行力の現存，条件成就，承継の事実の存在につ

き，既判力を伴う認定を行い，その前提に立って執行文付与機関に対して執行文付与を命ずる職務命令的機能を併有する救済の訴えであるとする説である（内田「執行関係訴訟理論と実務」188頁4，深沢＝園部「執行の実務(下)〔補訂〕」574頁④）。

⑤　命令訴訟説

執行文付与の訴えを，執行文付与の要件である事項を訴訟物とし，これを既判力をもって確定すると共に，あるべき執行関係を執行担当機関に判決主文で指示するものであるとする説である（内田「執行関係訴訟理論と実務」188頁5，深沢＝園部「執行の実務(下)〔補訂〕」574頁⑤）。

第3節　執行文付与の訴えの提起

第1　執行文付与の訴えの管轄

　執行文付与の訴えの管轄裁判所は，以下のとおり，債務名義の種類に応じて定められており，その管轄は専属である（民執19条）。

㋐　①確定判決（民執22条1号），②仮執行宣言付判決（民執22条2号），③抗告によらなければ不服を申し立てることができない裁判（民執22条3号），④確定した執行判決のある外国裁判所の判決（民執22条6号），⑤確定した執行決定のある仲裁判断（民執22条6号の2），⑥控訴審又は上告審で成立した和解調書又は調停調書及び請求認諾調書等確定判決と同一の効力を有するもの（民執22条7号）が債務名義であるときは，第1審裁判所が管轄権を有する（民執33条2項1号）（深沢＝園部「執行の実務(下)〔補訂〕」574～576頁）。

　金銭の支払，物の引渡し，登記義務の履行その他の給付を命ずる家事審判は，執行力ある債務名義と同一の効力を有するものとされている（家事75条）が，条件成就又は承継の執行文の付与を受ける必要がある場合は，民事執行法22条3号の裁判に当たるものとして，執行文付与の訴えの管轄は，その審判をした家庭裁判所が専属管轄を有すると解される。家庭裁判所で成立した家事事件手続法別表第2に掲げる事項についての調停調書が債務名義となるとき（家事268条1項括弧書）も同様である（「注釈民執法2」314頁，深沢＝園部「執行の実務(下)〔補訂〕」576頁⑧）。

㋑　仮執行宣言付損害賠償命令（刑事裁判での被害者の刑事被告人に対する民事上の損害賠償を求める訴え（犯罪被害保護23条）における，損害賠償命令に仮執行宣言

が付されたもの（犯罪被害保護32条2項））及び同事件に関する手続における和解及び請求認諾の調書については，当該損害賠償命令事件が係属していた地方裁判所が管轄権を有する（民執33条2項1号の2）。

㋒　仮執行宣言付届出債権支払命令（消費者裁判手続法において認められた，特定適格消費者団体が原告となった消費者契約に関する消費者の事業者に対する請求についての共通義務確認訴訟（消費者裁判手続3条）で，相当多数の消費者と事業者との間の共通義務（消費者裁判手続2条4号）の存否について消費者側が勝訴し，個々の消費者が，特定適格消費者団体〔簡易確定手続申立団体〕（消費者裁判手続21条参照）に授権して（消費者裁判手続31条）対象債権の確定手続〔簡易確定手続〕に加入・債権届出をして（消費者裁判手続30条），それぞれの債権の有無や金額を迅速に決定した簡易確定決定〔届出債権支払命令〕に，仮執行宣言が付されたもの（消費者裁判手続44条4項））及び同手続における届出債権の認否及び和解に係るものについては，当該簡易確定手続が係属していた地方裁判所が管轄権を有する（民執33条2項1号の3）。

㋓　仮執行宣言付支払督促（民執22条4号）（オンラインによる支払督促申立て（民訴132条の10第1項本文）によって発せられたもの（民事訴訟法402条1項のOCR方式による督促手続は，平成19年2月1日に廃止された。）を除く）については，仮執行宣言付支払督促を発した裁判所書記官の所属する簡易裁判所（仮執行宣言付支払督促に係る請求が簡易裁判所の管轄に属しないものであるとき（訴訟の目的の価額が140万円を超えるとき）は，その簡易裁判所の所在地を管轄する地方裁判所）が管轄権を有する（民執33条2項2号）。

㋔　オンラインによる支払督促申立て（民訴132条の10第1項本文）によって発せられた仮執行宣言付支払督促（民事訴訟法402条1項のOCR方式による督促手続は，平成19年2月1日に廃止された。）については，民事訴訟法398条の規定によって訴えの提起があったものとみなされる裁判所が管轄権を有する（民執33条2項3号）。

㋕　訴訟費用，和解の費用もしくは非訟事件もしくは家事事件の手続の費用の負担の額を定める裁判所書記官の処分又は民事執行法42条4項に規定

する執行費用及び返還すべき金銭の額を定める裁判所書記官の処分（後者の処分にあっては，確定したものに限る。）（民執22条4号の2）については，当該処分をした裁判所書記官の所属する裁判所が管轄権を有する（民執33条2項4号）。

㋖　執行証書（民執22条5号）については，債務者の普通裁判籍所在地を管轄する裁判所（この普通裁判籍がないときは，請求の目的又は差し押さえることができる債務者の財産の所在地を管轄する裁判所）が管轄権を有する（民執33条2項5号）。

㋗　上級裁判所で成立した和解及び調停を除く和解もしくは調停又は労働審判に係るものについては，和解もしくは調停が成立した簡易裁判所，地方裁判所もしくは家庭裁判所（簡易裁判所において成立した和解又は調停に係る請求が簡易裁判所の管轄に属さないものであるときは，その簡易裁判所の所在地を管轄する地方裁判所）又は労働審判が行われた際に労働審判事件が係属していた地方裁判所が管轄権を有する（民執33条2項6号）。

第2　執行文付与の訴えの訴訟物の価額

　執行文付与の訴えは，条件の成就，承継の存在を理由に，債務名義に執行力が現存することを確認することにより執行文の付与を求める訴えであり，その審判の対象は，条件の成就，承継の要件の存否であって，実体上の請求権の存否でなく，債務名義表示の請求権の価額が訴えをもって主張する利益（民訴8条1項）であるとはいえない。実務では，債務名義表示の給付請求権の価額の2分の1の額が訴額であるとして扱っている（「民実講義案Ⅰ（五訂版）」49頁8，深沢＝園部「執行の実務(下)〔補訂〕」583頁）。

第3　執行文付与の訴えの当事者適格

Ⅰ　執行文付与の訴えの原告・被告

　執行文付与の訴えの原告は，自己のために執行文の付与を受けようとする者であり，被告はその者に対して執行文の付与を求めようとする債務者である（深沢＝園部「執行の実務(下)〔補訂〕」583頁2)。

Ⅱ　法人格否認の法理と執行力の拡張

　債権者Xが債務者A会社に対する損害賠償請求訴訟において勝訴判決を得たところ，その債務者A会社が債務の支払を免れる目的で，別会社であるY会社を設立し，XがY会社に対してA会社に対する債務名義に対する執行文付与の訴えを提起した法人格濫用事案で，最高裁は，権利関係の公権的な確定及びその迅速・確実な実現を図るために手続の明確・安全を重んずる訴訟手続ないし強制執行手続においては，その手続の性格上，A会社に対する判決の既判力及び執行力の範囲をY会社にまで拡張することは許されないと判示した（最判昭53・9・14判時906号88頁・集民125号57頁・金商558号3頁)（内田「執行関係訴訟理論と実務」194頁(1))。

Ⅲ　権利能力なき社団の財産に対する強制執行

　権利能力のない社団を債務者とする金銭債権を表示した債務名義を有する債権者が，構成員の総有不動産に対して強制執行をしようとする場合において，上記不動産につき，当該社団のために第三者がその登記名義人とされているときは，上記債権者は，強制執行の申立書に，当該社団を債務者とする執行文の付与された上記債務名義正本のほか，上記不動産が当該社団の構成

員全員の総有に属することを確認する旨の上記債権者と当該社団及び上記登記名義人（第三者）との間の確定判決その他これに準ずる文書を添付して，当該社団を債務者とする強制執行の申立てをすべきであり，民事執行法23条3項の規定を拡張解釈して，上記債務名義につき，上記登記名義人（第三者）を債務者として上記不動産を執行対象財産とする同法27条2項の承継執行文の付与を求めることはできないとされている（最判平22・6・29民集64巻4号1235頁・判タ1326号128頁・判時2082号65頁）（東京地裁「民事執行の実務【3版】不動産(下)」296頁・308頁(3)，薗部「〔三訂〕不動産競売マニュアル（申立・売却準備）」84頁ウ，内田「執行関係訴訟理論と実務」194頁(2)）。

第4　執行文付与の訴えにおける訴えの利益

Ⅰ　証明文書が存する場合の執行文付与の訴え

　裁判所書記官に対する執行文付与の申立てをせずに，執行文付与の訴えを提起することも認められるが，条件の成就又は承継について証明すべき文書が既に存在し，客観的にはこれに基づいて容易に裁判所書記官から執行文の付与を受けることができると考えられるのに，執行文付与の訴えが提起された場合，訴えの利益を認めることができるかが問題となる。これについては，訴えの利益を肯定するのが通説であるが，このような訴えにおいて被告が認諾をしたような場合は原告に訴訟費用の負担を命じればよいとされる（「注釈民執法2」311頁・312頁，「注解民執法(1)」550頁，内田「執行関係訴訟理論と実務」196頁）。

Ⅱ　執行文付与拒絶処分に対する異議棄却後の執行文付与の訴え

　執行文付与の申立てが拒絶された後の執行文付与の訴えは，訴えの利益を

欠くものではない。当該執行文付与拒絶処分に対する異議申立て（民執32条1項）が棄却された後に執行文付与の訴えを提起した場合，執行文付与拒絶処分に対する異議申立てに対する棄却決定には既判力はないから，訴えの利益は肯定される（内田「執行関係訴訟理論と実務」196頁）。

第5　執行文付与の訴えの訴状

I　執行文付与の訴えの請求の趣旨

　執行文付与の訴えの訴状には，請求の趣旨として，いかなる執行文を求めるのかを明らかにする（深沢＝園部「執行の実務(下)〔補訂〕」583頁）。執行文付与の訴えについて確認訴訟説に立った場合でも，執行文付与を執行文付与機関に命ずるという趣旨を端的に表現する必要がある。

■5-1　執行文付与の訴えの請求の趣旨記載例

> 　原告と被告との間の○○地方裁判所平成○年（ワ）第○○○号・・・請求事件の和解調書の和解条項第○項につき，同裁判所の裁判所書記官は，被告に対する強制執行のため，原告に執行文を付与すべきことを命ずる。

＊　東京地判平24・10・12判時2179号81頁参照

> 　被告とAとの間の○○地方裁判所平成○年（ワ）第○○○号・・・請求事件の確定判決につき，同裁判所の裁判所書記官は，被告に対する強制執行のため，原告に承継執行文を付与すべきことを命ずる。

＊　名古屋地判平24・12・20判時2191号63頁参照

Ⅱ　執行文付与の訴えの請求の原因

　執行文付与の訴えの請求の原因は，以下のとおりである（岡口基一「要件事実マニュアル 3 巻（4 版）」（ぎょうせい，2013）311 頁，内田「執行関係訴訟理論と実務」189 頁 1）。

(1)　条件（債権者が証明すべき事実）の存在又は債務名義記載の当事者以外の第三者が執行当事者となっている債務名義の存在

(2)　条件成就（債権者が証明すべき事実の到来）又は承継を基礎づける事実

> 　深沢＝園部「執行の実務(下)〔補訂〕」583 頁は，(2)の条件の成就・承継の事実の存在は，請求を理由あらしめる事実にすぎないので，原告は，被告が争った場合に主張立証すればよいとする。

Ⅲ　執行文付与の訴えの訴状の記載事項

■ 5-2 執行文付与の訴えの訴状

```
                        訴    状                    ┌──┐
                                                    │収入│
                                        平成○年○月○日│印紙│
                                                    └──┘
○○地方裁判所　御中
                    原告訴訟代理人弁護士　○　○　○　○㊞
〒000-0000　○○市○○町○丁目○番○号
                原　　　告　　○　○　株　式　会　社
                同代表者代表取締役　○　○　○　○
〒000-0000　○○市○○町○丁目○番○号　○○ビル○階
            ○○法律事務所（送達場所）
                同原告代理人弁護士　○　○　○　○
                TEL　○○○－○○○－○○○○
                FAX　○○○－○○○－○○○○
〒000-0000　○○市○○町○丁目○番○号
                被　　　告　　○　○　○　○

執行文付与の訴え
　訴訟物の価額　○○○万円
　貼用印紙額　○○,○○○円
第1　請求の趣旨
　1　原告と被告との間の○○地方裁判所平成○年（ワ）第○○○号……請求
　　事件の和解調書の和解条項第○項について，○○地方裁判所の裁判所書
　　記官は，被告に対する強制執行のため，原告に執行文を付与すべきこと
　　を命ずる。
　2　訴訟費用は被告の負担とする。
との裁判を求める。
第2　請求の原因
　1　債務名義の存在及び請求内容
　　　原告は，被告に対し，○○地方裁判所平成○年（ワ）第○○○号……請
　　求事件の和解調書の下記和解条項第○項による債務名義を有している。
　　　○・・・・・・・・・・。
　2　給付条項の条件の履行
　　　上記1の和解条項は，条件に係る場合に該当するので，原告はその条
　　件を履行した（甲第1号証）。
　3　結論
　　　よって，原告は，被告に対する上記1の給付条項の強制執行のため，
　　条件成就執行文の付与を求める。
　　　　　　証拠方法
　　甲第1号証　　条件履行の証明
　　　　　付属書類
　1　登記事項証明書
　2　資格証明書
　3　訴訟委任状
```

Ⅳ 執行文付与の訴えにおける裁判所書記官による執行文付与拒絶処分の先行

　執行文付与の訴えは，それに先行して，裁判所書記官による執行文付与拒絶処分がされていることは要件ではない（「執行文講義案（改訂再訂版）」63頁，深沢＝園部「執行の実務(下)〔補訂〕」584頁）。執行文付与の訴えには，条件成就や承継の事実を既判力をもって確定させ，裁判所書記官による通常の執行文付与に対して債務者からの異議や異議の訴えが提起されることを封じる意義がある（園部「〔改訂〕民事事件論点整理ノート（紛争類型）」763頁3）。

第4節　執行文付与の訴えにおける当事者の主張立証

第1　原告の請求原因事実の主張立証

　原告は，請求原因事実である，①条件（債権者が証明すべき事実）の存在又は債務名義記載の当事者以外の第三者が執行当事者となっている債務名義の存在，②条件成就（債権者が証明すべき事実の到来）又は承継を基礎づける事実について（本章**第3節第5 Ⅱ**（177頁）参照），主張立証することになる。条件成就又は承継の事実の立証の方法としては，文書による証明に限らず（民執27条1項・2項参照），その他の一般の証明方法を用いることができる（深沢＝園部「執行の実務(下)〔補訂〕」584頁）。

第2　被告の防御方法

Ⅰ　執行文付与の訴えにおける債務名義の請求に関する異議事由〔請求異議事由〕の主張

　執行文付与の訴えの審理の対象は，条件成就又は承継の有無に限られ，執行文付与の対象となる債務名義の請求権に関する異議事由〔請求異議事由〕を抗弁として主張することはできない（最判昭52・11・24民集31巻6号943頁・判タ357号230頁・判時874号42頁）（「注釈民執法2」326頁，「注解民執法(1)」554頁，「執行関係訴訟諸問題」93頁・95頁，中野＝下村「民執法」268頁・269頁，内田「執行関係訴訟理論と実務」190頁(2)・198頁，深沢＝園部「執行の実務(下)〔補訂〕」584頁・595

頁)。

　被告としては，請求異議の訴えを，執行文付与の訴えにおける反訴として提起することができ，執行文付与訴訟完結後に提起することもできる（中野＝下村「民執法」269頁・270頁，内田「執行関係訴訟理論と実務」192頁・193頁・198頁）。執行文付与の訴えに対し請求異議の反訴請求がされ，それらが共に理由がある場合は，請求異議認容判決により債務名義の執行力が消滅することを理由に，執行文付与請求を棄却すべきである（中野＝下村「民執法」274頁(4)）。

Ⅱ　執行文付与の訴えにおける被告の防御方法

　被告（債務者）は，条件成就や承継の事実に関する抗弁を主張することができる（深沢＝園部「執行の実務(下)〔補訂〕」584頁）。承継に対する抗弁としては，債権の相続に対して相続放棄がされたこと，債権の譲受けの主張に対しては，その後譲渡契約が解除されたことや更に債権が譲渡されたことなどが考えられる（「注釈民執法2」317頁，内田「執行関係訴訟理論と実務」192頁(エ)）。

第5節　執行文付与訴訟の終了

第1　執行文付与訴訟における判決

　執行文付与の訴えの請求が不適法な場合は訴え却下判決をし、請求の理由がない場合は請求棄却の判決をする。

　執行文付与の訴えの請求認容判決においては、執行文付与機関に対し、執行文の付与を命ずることになる。確認訴訟説に立った場合、認容判決は、判決の基準時における債務名義の執行力の現存を確認するものであり、この点について既判力が生ずる。債務名義上の実体的請求権の存否に既判力を生ずるものではない（「注解民執法(1)」558頁、内田「執行関係訴訟理論と実務」201頁、深沢=園部「執行の実務(下)〔補訂〕」585頁5）。

第2　執行文付与訴訟における和解

　執行文の訴えの訴訟物は、条件成就執行文又は承継執行文によって公証されるべき執行力の存在であり、それ自体は当事者の合意になじまないものである。当該訴訟において、債務名義自体に表示された実体法上の権利関係の存否について合意ができたような場合は、そのような合意を記載し、訴訟終了効について疑義が生じないように、訴え取下げの条項を入れるようにしている（内田「執行関係訴訟理論と実務」202頁第9）。

第3　執行文付与訴訟における請求の放棄・認諾

　執行文付与の訴えにつき，確認訴訟説に立つのであれば，同訴訟において，請求の放棄・認諾は可能と解される（内田「執行関係訴訟理論と実務」202頁第10）。

第6節　執行文付与の訴えにおける認容判決後の執行文付与手続

　執行文付与の訴えにおける請求認容判決は，執行文に代わるものではないので，債権者である原告は，認容判決の確定後又は仮執行宣言が付されているときは，その判決正本を執行文付与機関に提出して執行文の付与を受けることになる。執行文付与機関は，当該判決に基づいて執行文を付与しなければならない（内田「執行関係訴訟理論と実務」201頁第8，深沢＝園部「執行の実務(下)〔補訂〕」586頁）。

第6章

執行文付与に対する異議の訴え

第1節　執行文付与に対する異議の訴えの意義

　債務名義に執行文が付与された場合で，債権者の証明すべき事実の到来したこと又は債務名義に表示された当事者以外の者に対し，もしくはその者のために強制執行をすることができることについて異議がある債務者は，その執行文が付された債務名義正本に基づく強制執行の不許を求めるために，執行文付与に対する異議の訴えを提起することができる（民執34条1項）。
　この異議事由は，執行文付与に対する異議の申立て（民執32条）でも主張することができるが，執行文付与に対する異議の訴えにより，同事由について，既判力ある判断を得ることができる。

第2節　執行文付与に対する異議の訴えの性質及び訴訟物

　執行文付与に対する異議の訴えの法的性質については，請求異議の訴えなどと同様に，以下の説の対立がある（内田「執行関係訴訟理論と実務」71頁第2，深沢＝園部「執行の実務(下)〔補訂〕」587頁第2）。

① 　形成訴訟説

　執行文付与に対する異議の訴えは，執行文付与の要件が存在するとの判断を争って，執行文の失効又は当該執行文に基づく強制執行の不許の宣言を求めることを目的とし，その認容判決の確定により，執行文の効力の消滅又は当該執行文に基づく強制執行の不許という形成的効果をもたらす訴えであるとする説である（「注釈民執法2」341頁，中野＝下村「民執法」270頁，内田「執行関係訴訟理論と実務」71頁1・72頁5，深沢＝園部「執行の実務(下)〔補訂〕」587頁①・588頁）。

② 　確認訴訟説

　執行文付与に対する異議の訴えは，債務名義の執行力の欠缺又は執行文付与要件の不存在を確認する訴えであるとする説である。この説は，認容判決によって執行文の付与された債務名義の効力が消滅するのは，認容判決の反射的効果であるとする。

③ 　救済訴訟説

　執行文付与に対する異議の訴えは，執行文の付与がその要件を欠き違法であることの確認と，執行文の公証力を消滅させる形成を求める訴えであるとする説である。

④ 　命令訴訟説

第2節　執行文付与に対する異議の訴えの性質及び訴訟物

　　執行文付与に対する異議の訴えは，債務名義に表示された請求権の不存在を訴訟物とし，執行機関をこれに基づいてコントロールし，受訴裁判所から強制執行不許であることを命令して公証（伝達）することを目的とする訴訟であるとする説である。

　民事執行法34条1項が執行文付与に対する異議の訴えについて，「執行文の付された債務名義の正本に基づく強制執行の不許を求める」訴えと規定していることから，形成訴訟説の立場に立つと考えられる（内田「執行関係訴訟理論と実務」72頁，深沢 = 園部「執行の実務(下)〔補訂〕」588頁）。

　執行文付与に対する異議の訴えの訴訟物は，請求異議の訴えと同様に，執行文付与に対する執行法上の異議権であると解される（内田「執行関係訴訟理論と実務」72頁）。

第3節　執行文付与に対する異議の訴えにおける異議事由

第1　執行文付与に対する異議の訴えにおける異議事由

　執行文付与に対する異議の訴えにおける異議事由は，条件成就執行文又は承継執行文の付与がされた際の債権者が証明した事実の到来又は承継等の実体的要件（民執27条1項・2項）の存在を争う事由である。執行文付与の形式要件の欠缺を異議事由として執行文付与に対する異議の訴えを提起することはできない。これらの事由は，執行文付与に対する異議申立て（民執32条）において主張することになる（内田「執行関係訴訟理論と実務」73頁，深沢＝園部「執行の実務(下)〔補訂〕」595頁）。

第2　執行文付与に対する異議の訴えにおける執行文付与の形式的要件欠缺の主張

　債権者が証明した事実の到来又は承継等の実体的要件を争うのとあわせて，執行文付与の形式的要件の欠缺を執行文付与に対する異議の訴えで争えるかについては，否定説もあるが，肯定説が通説である（田中「新民執法の解説〈増補改訂版〉」80頁，「注釈民執法2」342頁，「注解民執法(1)」564頁，中野＝下村「民執法」270頁・274頁(5)，「新基本法コンメ民執法」93頁，内田「執行関係訴訟理論と実務」73頁，深沢＝園部「執行の実務(下)〔補訂〕」596頁）。

第3 意思表示擬制の債務名義についての執行文付与に対する異議の訴え

　意思表示を命ずる債務名義に執行文が付与され，意思表示が擬制された後に，執行文付与に関する異議申立て（民執32条）や執行文付与に対する異議の訴え提起（民執34条）ができるかについては，これを肯定する説もあるが（中野＝下村「民執法」829頁・830頁，兼子「増補強制執行法」293頁，「注解強制執行法(4)」198頁），条件成就執行文（民執27条1項）が付与されたときはその付与の時に意思表示があったものとみなされ（民執174条1項ただし書），承継執行文については判決の確定又は和解調書等の成立時に意思表示が擬制され，登記申請手続等の債権者の債務名義利用行為（広義の執行）のために承継執行文が借用されているだけであり，狭義の執行手続は終了しており，それらの不服申立てを認めると，申立期間に制限がなくなり，意思表示擬制の効果がいつまでも不安定な状態になってしまうので，それらの不服申立てをすることができないと解すべきである（田中「新民執法の解説〈増補改訂版〉」379頁，「注釈民執法7」323頁，「注解民執法(5)」126頁，園部「書式代替執行・間接強制・意思表示擬制実務〔五版〕」401頁2，深沢＝園部「執行の実務(下)〔補訂〕」882頁）。

第4 執行証書（公正証書）での金額の一定性
　　　──事後求償権についての執行証書（公正証書）

　金銭その他の代替物等の一定数量の給付を目的とする公正証書が債務名義である執行証書となるためには，当該金銭等の一定性が要求される（民執22条5号）。事後求償権についての公正証書は，保証人が将来保証債務の履行をしたときの主債務者に対する求償権について作成するものであり，保証人が弁済した弁済額に応じて発生し，公正証書作成時には，その額が確定しておらず，請求権も発生していないといえ，この金額等の一定性を満たしている

とはいえず，当該事後求償権についての公正証書を執行証書とする強制執行は許されず，執行文を付与することもできないと解すべきである（内田「執行関係訴訟理論と実務」86頁・87頁）。

第5　執行文付与に対する異議の訴えにおける請求異議の訴えの異議事由の主張

　請求異議の訴えと執行文付与に対する異議の訴えは，本来の目的を異にする別個独立の訴えであり，請求異議の訴えの異議事由を，執行文付与に対する異議の訴えにおいて異議事由として主張することはできないと解される〔訴権競合説〕（最判昭43・2・20民集22巻2号236頁・判タ219号83頁・判時512号45頁，最判昭52・11・24民集31巻6号943頁・判タ357号230頁・判時874号42頁，最判昭55・5・1判タ419号77頁・判時970号156頁・集民129号603頁，最判昭55・12・9判タ435号90頁・判時992号49頁・集民131号205頁）（「執行関係訴訟諸問題」95頁二，中野＝下村「民執法」272頁，内田「執行関係訴訟理論と実務」74頁第4・82頁，深沢＝園部「執行の実務(下)〔補訂〕」596頁・601頁2）。

第6　執行文付与に対する異議の訴えにおける異議事由の同時主張

　執行文付与に対する異議の訴えにおいて異議事由が数個あるときは，債務者は，これを同時に主張しなければならない（民執34条2項）。

第7　執行文付与に対する異議の訴えと執行文付与に対する異議の申立て

　債務者は，条件成就執行文又は承継執行文の付与がされた際の債権者が証明した事実の到来又は承継等の実体的要件（民執27条1項・2項）の存在を争

う場合，執行文付与に対する異議の訴え（民執34条）を提起しないで，執行文付与に対する異議の申立て（民執32条）をすることもできる。

執行文付与に対する異議の申立てが却下されても，その決定には既判力がないから，同一事由について，執行文付与に対する異議の訴えを提起することはできる。ただし，執行文付与に対する異議の申立てが認容されて執行文付与が取り消されれば，執行文付与に対する異議の訴えの利益はないから，当該訴えを提起しても却下判決がなされる（内田「執行関係訴訟理論と実務」78頁）。

執行文付与に対する異議の訴えと執行文付与に対する異議の申立てが係属中に，執行文付与に対する異議の訴えについて認容判決がされて執行文付与が取り消された場合，執行文付与に対する異議の申立てはその利益を失い，却下決定がされる。執行文付与に対する異議の訴えが棄却された後は，その判決の既判力が執行文付与に対する異議の申立てに作用することになる（内田「執行関係訴訟理論と実務」78頁）。

第4節　執行文付与に対する異議の訴えの提起

第1　執行文付与に対する異議の訴えの管轄

　執行文付与に対する異議の訴えの管轄については，執行文付与の訴えの管轄裁判所の規定（民執33条2項）が準用されている（民執34条3項）ので，**第5章第3節第1**（171頁）参照。

第2　執行文付与に対する異議の訴えの訴訟物の価額

　執行文付与に対する異議の訴えは，債務名義表示の条件成就又は承継の事実を争い，現に執行文が付与された執行力ある債務名義正本の執行力を排除するために提起される訴えであり，債務名義に表示された請求権の価額が訴えをもって主張する利益（民訴8条1項）であるとはいえない。実務では，債務名義表示の給付請求権の価額の2分の1の額が訴額であるとして扱っている（「民実講義案Ⅰ（五訂版）」49頁8，深沢＝園部「執行の実務(下)〔補訂〕」593頁）。

第3　執行文付与に対する異議の訴えの当事者適格

　執行文付与に対する異議の訴えにおいては，執行文に表示された債務者が原告適格を有し，同債権者が被告適格を有する（内田「執行関係訴訟理論と実務」81頁，深沢＝園部「執行の実務(下)〔補訂〕」594頁）。

第三者は，債権者代位権（民423条）に基づいて，執行債権者を被告として執行文付与に対する異議の訴えを提起することができる。それ以外の第三者は，執行文付与に対する異議の訴えを提起できないのが原則であるが，債務名義の執行力が執行文に表示された債権者ではなく，自己にあると主張する第三者（例えば，執行債権の譲渡の無効を主張する譲渡人や自己が承継人であると主張する者が，承継執行文の付与を受けた者を被告として訴えを提起する場合）については，執行文に表示された債務者及び債権者を共同被告として訴えを提起することができると解されている（「注解民執法(1)」571頁，「注釈民執法2」362頁・363頁，中野＝下村「民執法」271頁，内田「執行関係訴訟理論と実務」81頁，深沢＝園部「執行の実務(下)〔補訂〕」594頁・595頁）。

第4　執行文付与に対する異議の訴え提起の時期

I　執行文付与に対する異議の訴え提起の時期

　執行文付与に対する異議の訴えは，執行文付与の際に執行文付与機関の判断した実体的要件である条件の成就又は承継その他の執行適格事実の存否を争って，執行力ある債務名義正本に基づく強制執行の不許を求めるものであるから，執行文が付与された以降強制執行が終了するまでは，何時でも提起することができる。強制執行が完全な満足を受けたときは，この訴えを提起する利益はない（東京地判平10・3・25判タ983号279頁）（中野＝下村「民執法」271頁，内田「執行関係訴訟理論と実務」80頁，深沢＝園部「執行の実務(下)〔補訂〕」593頁・594頁）。

> 　中野＝下村「民執法」275頁(6)は，債務名義に表示された請求権を承継したとして強制執行に出る気配をみせる者がある場合，債務者は，承継執行文付与の前にも，その自称承継人のために承継執行文を付与してはならない旨の判決を求める訴えを提起することができる（民執34条類推）と解するとする。

Ⅱ　意思表示擬制の債務名義と執行文付与に対する異議の訴え

　意思表示擬制の債務名義が，債権者の証明すべき事実の到来に係るときや反対給付との引換えに係る場合において，民事執行法174条の規定による執行文の付与を要する。この場合，執行文が付与されたときに意思表示がされたものとみなされ（民執174条1項ただし書），これにより狭義の執行は終了するから，執行文付与に対する異議（民執32条）や執行文付与に対する異議の訴え（民執34条）の規定は適用されないと解されている（田中「新民執法の解説〈増補改訂版〉」379頁，深沢＝園部「執行の実務（下）〔補訂〕」594頁）。

第5　執行文付与に対する異議の訴えに係る執行停止等の裁判

　執行文付与に対する異議の訴えの提起があった場合において，異議のため主張した事情が法律上理由があるとみえ，かつ，事実上の点について疎明があったときは，受訴裁判所は，申立てにより，終局裁判において裁判をするまでの間，担保を立てさせ，もしくは立てさせないで強制執行の停止を命じ，又はこれとともに，担保を立てさせて強制執行の続行を命じ，もしくは担保を立てさせて既にした執行処分の取消しを命ずることができる。急迫した事情があるときは，裁判長も，これらの処分をすることができる（民執36条1項）。

　上記の事情がある場合において，急迫の事情があるときは，執行裁判所は，申立てにより，上記裁判の正本を提出すべき期間を定め，上記処分を命ずることができる。この裁判は，執行文付与に対する異議の訴えの提起前においても，することができる（民執36条3項）。

　これらの申立てについての裁判に対しては，不服申立てをすることができ

ない（民執36条5項）。

第6　執行文付与に対する異議の訴えの訴状

I　執行文付与に対する異議の訴えの請求の趣旨

■6-1　執行文付与に対する異議の訴えの訴状の請求の趣旨記載例

　原告と被告の間の○○地方裁判所平成○年（ワ）第○○○号建物明渡請求事件の和解調書について，同裁判所書記官が平成○年○月○日に付与した条件成就執行文の付された同和解調書正本に基づく強制執行は，これを許さない。

II　執行文付与に対する異議の訴えの請求の原因

　執行文付与に対する異議の訴えの異議権の発生原因事実は，条件成就執行文又は承継執行文が付された債務名義の存在であり，これが請求原因事実となる（内田「執行関係訴訟理論と実務」79頁）。

■6-2 執行文付与に対する異議の訴えの訴状の請求の趣旨・原因記載例

第1　請求の趣旨
1　原告と被告の間の○○地方裁判所平成○年（ワ）第○○○号建物明渡請求事件の確定判決について，同裁判所書記官が平成○年○月○日に付与した条件成就執行文の付された同確定判決に基づく強制執行は，これを許さない。
2　訴訟費用は，被告の負担とする。
との裁判を求める。

第2　請求の原因
1　債務名義の存在
　　本件原告と本件被告との間には，請求の趣旨第1項記載の確定判決（甲1）（以下「本件債務名義」という。）債務名義が存在し，この債務名義の主文第1項には，本件原告が本件被告から○○○万円の支払を受けることを条件として，別紙物件目録記載の建物を明け渡せとの記載がある。
2　条件成就執行文の付与
　　本件被告は，○○地方裁判所裁判所書記官に対し，本件原告に対し○○○万円を支払い，条件が成就したとして本件債務名義に対し執行文付与を申請し，同裁判所書記官○○○○は，平成○年○月○日，条件成就を認定して本件債務名義に対し執行文を付与した（甲2）。
3　異議事由
　　本件原告は，本件被告から△△△万円しか支払を受けておらず，本件債務名義に対する執行文付与の要件を充足していない。
4　結　論
　　よって，本件債務名義は，いまだ執行力がないので，これに基づく強制執行の不許を求め，本訴訟を提起する。

第5節　執行文付与に対する異議の訴えにおける当事者の主張立証

第1　執行文付与に対する異議の訴えにおける原告の請求原因事実の主張立証

　執行文付与に対する異議の訴えにおける請求原因事実は，条件成就執行文又は承継執行文が付された債務名義の存在であり，原告はこれを主張立証することになる（内田「執行関係訴訟理論と実務」79頁）。

第2　執行文付与に対する異議の訴えにおける被告の抗弁事実の主張立証

　被告である債権者は，条件成就執行文の場合，債務名義上の特定の付款が条件であること，その具体的内容，及び条件が成就したことを，抗弁として主張立証することになる。承継執行文の場合は，その承継を基礎づける法律関係を，抗弁として具体的に主張立証すべきである（内田「執行関係訴訟理論と実務」79頁2，深沢＝園部「執行の実務(下)〔補訂〕」598頁）。

第3　執行文付与に対する異議の訴えにおける原告の再抗弁事実の主張立証

　条件成就執行文の場合，条件が成就していないという主張は，抗弁に対する否認ということになる（内田「執行関係訴訟理論と実務」80頁）。

承継執行文の場合は，承継の証明を基礎づける行為が法律行為であるときは，その発生障害事実や消滅事実を再抗弁として主張立証することになる（内田「執行関係訴訟理論と実務」80頁，深沢＝園部「執行の実務(下)〔補訂〕」598頁）。

第6節　執行文付与異議訴訟の審理

　執行文付与の実体的要件の存否は，口頭弁論終結時を基準として判断されることになり，口頭弁論終結時までに条件が成就し又は承継がされたことが証明されれば，執行文付与時点での瑕疵が治癒され，請求が棄却されることになる（最判昭30・7・22民集9巻9号1143頁・判タ51号41頁）（内田「執行関係訴訟理論と実務」85頁，深沢＝園部「執行の実務(下)〔補訂〕」599頁(4)）。

第7節　執行文付与異議訴訟の終了

第1　執行文付与異議訴訟における判決

　裁判所は，執行文付与に対する異議の訴えの請求が理由ありと認めるときは，当該執行文の付与された債務名義正本に基づく強制執行は許さない旨宣言する判決をする（中野＝下村「民執法」271頁，内田「執行関係訴訟理論と実務」85頁，深沢＝園部「執行の実務(下)〔補訂〕」599頁(1)）。

　債務者は，この執行力ある判決の正本を執行機関に提出して，執行の停止・取消しを求めることになる（民執39条1項1号・40条1項）（内田「執行関係訴訟理論と実務」85頁，深沢＝園部「執行の実務(下)〔補訂〕」599頁(3)）。

　終局判決前に，申立てにより強制執行の停止等の仮の処分を命ずることができる（民執36条）が，終局判決においては，その取消し，変更又は認可の裁判をすることができ，この裁判に対しては，仮執行宣言を付さなければならない（民執37条1項）。また，この裁判に対しては，不服申立てをすることができない（民執37条2項）。

第2　執行文付与異議訴訟における和解

　執行文付与異議訴訟を形成訴訟と解すると，判決主文において形成されるのと同一内容の合意をすることはできないと解されることは，請求異議訴訟と同様である。したがって，執行文付与異議訴訟の基礎となる実体的法律関係について合意ができた場合，執行文付与異議訴訟終了効を明確にするため

に，和解条項の中に，訴え取下げなどの条項を入れるのが通常である（内田「執行関係訴訟理論と実務」86頁第11）。

第3 執行文付与異議訴訟における請求の放棄・認諾

　執行文付与異議訴訟を形成訴訟と解すると，請求異議訴訟と同様に，請求の放棄・認諾はできないと解される（内田「執行関係訴訟理論と実務」86頁第11）。

事項索引

あ

異議事由の同時主張……………………… 9
意思表示擬制の債務名義と執行文付与に対する異議の訴え………………………… 196
意思表示擬制の債務名義についての執行文付与に対する異議の訴え………………… 191

か

外国裁判所の判決に対する請求異議の訴え… 4
確定判決の異議事由の時的制限………………20
確定判決の既判力による異議事由の制限……20
仮差押えの執行に対する第三者異議の訴えの本執行に対する第三者異議の訴えへの訴え変更………………………………………… 125
仮執行宣言付の判決における異議事由の主張
………………………………………………23
管財人交付の配当異議事由該当性……………75
競合債権者の取立訴訟への訴訟参加……… 143
競合債権者の取立訴訟への訴訟参加手続… 146
競合差押債権者に対する取立訴訟への訴訟参加命令………………………………………… 143
競合差押債権者に対する取立訴訟への訴訟参加命令申立て…………………………… 143
供託判決の強制執行………………………… 161
競売申立書の被担保債権の錯誤・誤記等に基づく真実の権利関係に即した配当表への変更
………………………………………………73
原告の請求原因事実の主張立証…………… 180
限定承認………………………………………11
限定承認相続人固有財産に対する強制執行に対する限定承認相続人の第三者異議の訴え
……………………………………………… 117

権利能力なき社団・財団所有不動産についての第三者異議の訴え………………………… 101
権利能力なき社団の財産に対する強制執行
……………………………………………… 174
権利の濫用……………………………………13

さ

債権者及び債務者・所有者からの配当異議の訴えの認容判決が競合する場合……………86
債権者からの配当異議の訴えにおける抗弁等
………………………………………………70
債権者からの配当異議の訴えにおける請求原因
………………………………………………65
債権者提起の他の債権者に対する配当異議の訴えの請求の原因記載例………………………66
債権者提起の他の債権者に対する配当異議の訴えの請求の趣旨記載例………………………65
債権者提起の配当異議の訴えの認容判決の効力
………………………………………………84
債権者による配当異議の訴えの場合の請求認容判決の内容………………………………………81
裁判以外の債務名義の成立についての異議事由
………………………………………………18
債務者からの配当異議の訴えと債権者からの配当異議の訴えが併合された場合の請求認容判決………………………………………………83
債務者からの配当異議の訴えの抗弁等………70
債務者からの配当異議の訴えの請求原因……68
債務者提起の債務名義を有しない債権者に対する配当異議の訴えの請求の原因記載例
………………………………………………69
債務者提起の債務名義を有しない債権者に対する配当異議の訴えの請求の趣旨記載例

事項索引

……………………………………64
債務者提起の配当異議の訴えの認容判決の効力
　………………………………………86
債務者による配当異議の訴えの場合の請求認容
　判決の内容……………………………82
債務名義に係る請求権の行使についての請求異
　議事由…………………………………13
債務名義に係る請求権の存在についての請求異
　議事由…………………………………10
債務名義に係る請求権の内容についての請求異
　議事由…………………………………11
債務名義の執行力排除……………………… 4
債務名義の不正取得………………………14
差押えの執行と債務者の第三債務者に対する給
　付訴訟………………………………136
参加命令のない場合の競合債権者の取立訴訟の
　提起…………………………………146
事後求償権についての執行証書（公正証書）
　………………………………………191
執行裁判所による請求異議の訴えに伴う仮の処
　分………………………………………32
執行終了後の第三者異議の訴え…………120
執行証書（公正証書）での金額の一定性…191
執行証書成立の瑕疵………………………18
執行証書の執行受諾の意思表示と表見代理…19
執行証書の執行受諾の意思表示の瑕疵………18
実行担保権以外の債権者の配当異議の申出…54
実行担保権の債務者の配当異議の申出………53
執行文付与異議訴訟における請求の放棄・認諾
　………………………………………203
執行文付与異議訴訟における判決………202
執行文付与異議訴訟における和解………202
執行文付与異議訴訟の終了………………202
執行文付与異議訴訟の審理………………201
執行文付与拒絶処分に対する異議棄却後の執行
　文付与の訴え………………………175
執行文付与訴訟における請求の放棄・認諾

　………………………………………183
執行文付与訴訟における判決……………182
執行文付与訴訟における和解……………182
執行文付与訴訟の終了……………………182
執行文付与に対する異議の訴え…………185
　――と執行文付与に対する異議の申立て
　………………………………………192
　――における異議事由……………………190
　――における異議事由の同時主張………192
　――における原告の再抗弁事実の主張立証
　………………………………………199
　――における原告の請求原因事実の主張立証
　………………………………………199
　――における執行文付与の形式的要件欠缺の
　　主張………………………………190
　――における請求異議の訴えの異議事由の主
　　張…………………………………192
　――における当事者の主張立証…………199
　――における被告の抗弁事実の主張立証
　………………………………………199
　――に係る執行停止等の裁判……………196
　――の意義…………………………………187
　――の管轄…………………………………194
　――の請求の原因…………………………197
　――の請求の趣旨…………………………197
　――の性質及び訴訟物……………………188
　――の訴状…………………………………197
　――の訴状の請求の趣旨記載例…………197
　――の訴状の請求の趣旨・原因記載例…198
　――の訴訟物の価額………………………194
　――の提起…………………………………194
　――の当事者適格…………………………194
執行文付与に対する異議の訴え提起の時期
　………………………………………195
執行文付与の訴え…………………………165
　――における訴えの利益…………………175
　――における裁判所書記官による執行文付与

事項索引

　　　拒絶処分の先行……………… 179
　　──における債務名義の請求に関する異議事
　　　由の主張…………………… 180
　　──における債務名義の請求に関する請求異
　　　議事由の主張……………… 180
　　──における認容判決後の執行文付与手続
　　　………………………………… 184
　　──における被告の防御方法…………… 181
　　──の管轄…………………………… 171
　　──の請求の原因…………………… 177
　　──の請求の趣旨…………………… 176
　　──の請求の趣旨記載例………… 176
　　──の性質及び訴訟物…………… 169
　　──の訴訟物の価額……………… 173
　　──の対象…………………………… 167
執行文付与の訴えの訴状…………… 176,178
　　──の記載事項……………………… 177
支払督促における確定前の請求異議訴訟におけ
　　る異議事由の主張………………………23
証明文書が存する場合の執行文付与の訴え
　　………………………………………… 175
所有者提起の配当異議の訴えの認容判決の効力
　　……………………………………………86
信義則違背………………………………………13
請求異議事由……………………………………10
請求異議訴訟と債務不存在確認訴訟…………25
請求異議訴訟と不当利得返還請求訴訟等……25
請求異議訴訟と和解等無効確認訴訟又は和解調
　　書無効を理由とする期日指定の申立て
　　……………………………………………24
請求異議訴訟における執行停止等の仮の処分
　　……………………………………………30
　　──の意義・内容……………………30
　　──の執行機関への提出……………34
　　──の審理………………………………32
　　──の要件………………………………30
請求異議訴訟における請求の放棄・認諾……44

請求異議訴訟における和解…………………43
請求異議訴訟の訴え却下，請求棄却の判決…40
請求異議訴訟の終了……………………………40
請求異議訴訟の受訴裁判所等による仮の処分
　　……………………………………………30
請求異議訴訟の請求棄却判決の効力…………42
請求異議訴訟の請求認容判決…………………40
請求異議訴訟の請求認容判決の効力…………42
請求異議訴訟の判決……………………………40
請求異議訴訟の判決の効力……………………42
請求異議の訴え…………………………………1
　　──における債務名義が判決以外の場合の請
　　　求原因………………………………35
　　──における債務名義が判決の場合の請求原
　　　因………………………………………35
　　──における当事者の主張立証………38
　　──の意義………………………………3
　　──の管轄………………………………26
　　──の原告適格…………………………28
　　──の請求の原因………………………35
　　──の請求の趣旨………………………34
　　──の請求の趣旨及び原因記載例……36
　　──の訴訟代理権………………………29
　　──の訴訟物の価額……………………28
　　──の適用範囲…………………………4
　　──の当事者適格………………………28
　　──の被告適格…………………………29
　　──の法的性質及び訴訟物……………7
請求異議の訴え提起……………………………34
　　──に伴う強制執行停止決定…………33
　　──に伴う強制執行停止決定申立書…31
　　──の時期………………………………34
責任範囲が限定された債務者による第三者異議
　　の訴え………………………………… 118
損害賠償命令における異議事由の主張………23

た

第三者異議訴訟における請求の認諾・放棄
　……………………………………………… 132
第三者異議訴訟における和解……… 132
第三者異議訴訟の訴え却下判決………… 129
第三者異議訴訟の終了……………… 129
第三者異議訴訟の請求棄却判決………… 129
　――の効力……………………… 131
第三者異議訴訟の請求認容判決………… 130
　――の効力……………………… 131
第三者異議訴訟の判決……………… 129
　――の効力……………………… 131
第三者異議訴訟の判断の基準時………… 129
第三者異議の訴え…………………………93
　――における訴えの客観的併合………… 124
　――における訴えの主観的併合………… 124
　――における訴えの変更……………… 124
　――における仮登記担保権の主張……… 106
　――における原告の再抗弁事実の主張立証
　……………………………………………… 128
　――における原告の請求原因事実の主張立証
　……………………………………………… 125
　――における原告の法人格否認の抗弁… 127
　――における債権的請求権の主張……… 114
　――における質権の主張…………… 105
　――における執行停止等の仮の処分…… 118
　――における譲渡担保権の主張………… 108
　――における処分禁止の仮処分の主張… 114
　――における所有権の主張……………… 101
　――における所有権留保の主張………… 112
　――における占有権の主張……………… 103
　――における第三者の対抗要件具備の要否
　……………………………………………… 99
　――における抵当権・先取特権の主張… 104
　――における当事者の主張立証………… 125
　――における破産管財人の原告適格…… 117

　――における被告の抗弁事実の主張立証
　……………………………………………… 126
　――におけるファイナンス・リースの主張
　……………………………………………… 113
　――における用益物権及び対抗力ある賃借権
　　の主張……………………………… 104
　――における留置権の主張……………… 106
　――の意義…………………………95
　――の異議の原因…………………99
　――の管轄…………………………… 116
　――の原告適格…………………… 117
　――の請求の原因………………… 122
　――の請求の趣旨………………… 121
　――の訴状の請求の趣旨及び請求の原因
　……………………………………………… 123
　――の訴訟物の価額……………… 116
　――の損害賠償請求の訴えへの訴え変更
　……………………………………………… 124
　――の適用範囲……………………95
　――の当事者適格………………… 116
　――の被告適格…………………… 118
　――の法的性質……………………97
第三者異議の訴え提起……………… 120
　――に伴う強制執行停止決定…………… 119
　――の時期………………………… 120
第三者の債権者による債権者代位権に基づく第
　　三者異議の訴え……………………… 117
担保不動産競売不許の判決主文………… 130
調停調書等の成立の瑕疵……………20
動産に対する強制執行不許の判決主文… 130
特定物件引渡し・明渡しの強制執行における執
　　行開始前の第三者異議の訴え提起…… 120
届出債権支払命令における異議事由の主張…23
取立権の発生原因事実の欠缺による訴え却下判
　　決…………………………………… 157
取立訴訟…………………………………… 133
　――での請求金額………………… 148

──と執行停止文書………………………… 139
──と滞納処分……………………………… 138
──における訴え却下判決・請求棄却判決
　………………………………………………… 157
──における訴えの取下げ……………… 162
──における原告差押債権者の地位…… 141
──における差押債権者の取立てに応じた支
　払の抗弁……………………………………… 156
──における請求の放棄………………… 162
──における取立権発生原因事実に対する抗
　弁……………………………………………… 152
──における被差押債権の遅延損害金の請求
　………………………………………………… 148
──における被差押債権の発生原因事実に対
　する抗弁等………………………………… 154
──における被差押債権の発生原因事実の特
　定……………………………………………… 150
──における被差押債権の範囲内の請求
　………………………………………………… 148
──における和解………………………… 163
──の意義………………………………… 135
──の管轄………………………………… 147
──の給付判決の強制執行……………… 160
──の終了………………………………… 157
──の請求原因…………………………… 149
──の請求の趣旨………………………… 147
──の訴状の請求の趣旨・原因（債権者競合
　のない給料債権）………………………… 151
──の訴訟物等…………………………… 137
──の当事者……………………………… 141
──の認容判決…………………………… 158
──の判決………………………………… 157
──の判決の効力………………………… 159
──の判決の種類………………………… 157
──への参加命令に対する不服申立て… 145
──への参加命令の相手方……………… 143
──への参加命令の効果………………… 145
──への参加命令の告知………………… 145
──への参加命令の審理………………… 144
──への参加命令申立てに対する決定… 144
──への参加命令申立てに対する裁判… 144
──への訴訟参加………………………… 143
──への訴訟参加命令…………………… 143
──への訴訟参加命令申立て…………… 143
取立訴訟判決の債権者に対する効力……… 159
取立訴訟判決の債務者に対する効力……… 159

は

配当異議事由………………………………… 71,72
──の時的限界………………………………… 71
配当異議訴訟終了後の供託金の支払委託・追加
　配当…………………………………………… 89
配当異議訴訟における訴えの利益………… 61
配当異議訴訟における共同訴訟…………… 60
配当異議訴訟における原告の起訴証明…… 70
配当異議訴訟における原告の最初の口頭弁論期
　日への不出頭………………………………… 76
配当異議訴訟における請求の趣旨………… 63
配当異議訴訟における当事者双方の最初の口頭
　弁論期日への不出頭………………………… 77
配当異議訴訟における当事者の最初の口頭弁論
　期日への不出頭……………………………… 76
配当異議訴訟における当事者の不出頭と訴え却
　下……………………………………………… 79
配当異議訴訟における取下げ，取下げ擬制… 89
配当異議訴訟における判決の内容………… 80
配当異議訴訟における被告の最初の口頭弁論期
　日への不出頭………………………………… 77
配当異議訴訟における和解，請求の放棄・認諾
　………………………………………………… 87
配当異議訴訟の訴え却下判決……………… 80
配当異議訴訟の訴え却下又は請求棄却判決の効
　力……………………………………………… 84
配当異議訴訟の終了………………………… 79

配当異議訴訟の請求棄却判決………………80
配当異議訴訟の請求認容判決………………80
配当異議訴訟の判決…………………………79
配当異議訴訟の判決の効力…………………84
配当異議の訴え………………………………45
　──で勝訴した原告に対する同訴訟の被告の不当利得返還請求訴訟………………87
　──における異議事由……………………72
　──による競売対象不動産の所有権の帰属の争い…………………………………75
　──の意義…………………………………47
　──の管轄裁判所…………………………56
　──の原告適格……………………………57
　──の抗弁等………………………………70
　──の請求原因……………………………65
　──の性質…………………………………49
　──の訴訟物の価額………………………56
　──の当事者適格…………………………57
　──の被告適格……………………………58
配当異議の請求認容判決に対する仮執行宣言
　………………………………………………83
配当異議の申出の取下げ……………………54
配当異議の申出をしなかった債務者・債権者の補助参加……………………………………58
配当額が供託された後に配当表どおりに供託金の支払委託がされたときの法定充当の時期
　………………………………………………74
配当期日における異議申出の内容…………51
配当期日における配当異議の申出…………51

配当終了後の一般債権者からの不当利得返還請求……………………………………………91
配当終了後の一般先取特権者からの不当利得返還請求……………………………………92
配当終了後の交付要求債権者からの不当利得返還請求……………………………………92
配当終了後の債権者からの不当利得返還請求
　………………………………………………91
配当終了後の債務者からの不当利得返還請求
　………………………………………………90
配当終了後の所有者からの不当利得返還請求
　………………………………………………90
配当終了後の抵当権者からの不当利得返還請求……………………………………………91
配当終了後の不当利得返還請求……………90
配当表に記載されていない債権者の原告適格
　………………………………………………58
配当表に記載のない者の配当異議の申出……52
配当表欄外の交付者の記載の意味…………75
被差押債権の発生原因事実の欠缺による請求棄却判決………………………………… 157
不執行の合意…………………………………16
不動産競売における複数不動産の売却代金の割付の変更……………………………………73
法人格否認の法理と執行力の拡張………… 174

わ

和解調書等の成立の瑕疵……………………20

条文索引

滞納処分と強制執行等との手続の調整に関する法律

20条の3第1項	138
20条の5	138,156
36条の3第1項	138
36条の7	138
36条の7後段	138

民　法

366条	135

民事執行法

22条5号	191
22条6号	4
33条1項	167
33条2項1号	171
33条2項1号の2	172
33条2項1号の3	172
33条2項2号	172
33条2項3号	172
33条2項4号	173
33条2項5号	173
33条2項6号	173
34条1項	187
34条2項	192
34条3項	194
35条1項前段	10
35条1項前段括弧書	23
35条1項後段	10,18
35条2項	21
35条3項	26
36条	30
36条1項	30,196
36条3項	32,196
36条3項前段	32
36条3項後段	32
36条5項	32,197
37条1項	202
37条1項前段	41
37条1項後段	41
37条2項	42,202
38条1項	99
38条3項	116
38条4項	118,130,131
39条1項1号	43,131,202
39条1項4号	43
40条1項	43,131,202
89条1項	52
90条1項	47
90条2項	56
90条3項	76,77,79
90条4項	81
90条5項	47
90条6項	47,48,70
92条1項	84
92条2項	81,82
124条	103
145条4項	150
155条1項	150
155条1項ただし書	152
157条	136
157条1項	143,144,145,148,152
157条2項	144
157条3項	145,146,160
157条4項	147
157条5項	161

174条1項ただし書 ……………………… 196 | 193条2項 ……………………………… 135

判例索引

大 審 院

大判大 8・12・8 民録 25 輯 2250 頁 ……………………………………… 100,124
大判大 10・10・29 民録 27 輯 1760 頁 ……………………………………… 100
大判大 13・7・7 民集 3 巻 345 頁 ………………………………………… 120
大判昭 3・3・7 民集 7 巻 98 頁 …………………………………………… 20
大判昭 4・7・24 民集 8 巻 728 頁 ………………………………………… 140
大判昭 6・3・31 民集 10 巻 150 頁 ………………………………………… 103
大判昭 8・5・30 民集 12 巻 1381 頁 ……………………………………… 71
大判昭 10・9・3 民集 14 巻 1886 頁 ……………………………………… 20
大判昭 11・7・21 民集 15 巻 1514 頁 ……………………………………… 121
大判昭 13・3・26 民集 17 巻 509 頁 ……………………………………… 124
大判昭 14・8・12 民集 18 巻 903 頁 ……………………………………… 20
大判昭 15・2・3 民集 19 巻 110 頁 ………………………………………… 13
大判昭 17・1・19 民集 21 巻 22 頁 ………………………………………… 139

最高裁判所

最判昭 26・4・3 民集 5 巻 5 号 207 頁・判タ 12 号 65 頁 ………………… 30,34
最判昭 28・5・7 民集 7 巻 5 号 510 頁・判タ 31 号 61 頁 ………………… 20
最判昭 30・7・22 民集 9 巻 9 号 1143 頁・判タ 51 号 41 頁 ……………… 201
最判昭 32・6・6 民集 11 巻 7 号 1177 頁・判タ 76 号 24 頁 ……………… 20
最判昭 35・7・27 民集 14 巻 10 号 1894 頁・判時 233 号 23 頁 …………… 61
最判昭 36・5・26 民集 15 巻 5 号 1398 頁 ………………………………… 120
最判昭 36・12・12 民集 15 巻 11 号 2778 頁 ……………………………… 21
最判昭 37・5・24 民集 16 巻 5 号 1157 頁・判時 301 号 4 頁 …………… 14
最判昭 38・11・28 民集 17 巻 11 号 1554 頁 ……………………………… 97,129
最判昭 39・6・12 民集 18 巻 5 号 764 頁・判タ 164 号 81 頁・判時 379 号 25 頁 ………… 127
最判昭 40・3・26 民集 19 巻 2 号 508 頁・判タ 175 号 117 頁・判時 407 号 27 頁 ………… 127
最判昭 40・4・2 民集 19 巻 3 号 539 頁・判タ 178 号 101 頁・判時 414 号 25 頁 ………… 22
最判昭 40・4・30 民集 19 巻 3 号 782 頁・判時 409 号 28 頁 …………… 81,82,84
最判昭 40・12・21 民集 19 巻 9 号 2270 頁・判タ 187 号 112 頁・判時 435 号 3 頁 ………… 15
最判昭 41・2・1 民集 20 巻 2 号 179 頁・判タ 189 号 110 頁・判時 442 号 37 頁 ………… 128

最判昭 41・12・15 民集 20 巻 10 号 2089 頁・判タ 202 号 107 頁・判時 472 号 46 頁 ……………18
最判昭 43・2・20 民集 22 巻 2 号 236 頁・判タ 219 号 83 頁・判時 512 号 45 頁 ……………18,192
最判昭 43・6・13 判時 526 号 54 頁・集民 91 号 279 頁 ……………………………………… 121
最判昭 43・9・6 民集 22 巻 9 号 1862 頁・判タ 228 号 93 頁・判時 537 号 40 頁 ……………14
最判昭 43・11・15 民集 22 巻 12 号 2659 頁・判タ 229 号 136 頁・判時 543 号 57 頁 ……… 127
最判昭 44・3・28 民集 23 巻 3 号 699 頁・判タ 234 号 126 頁・判時 555 号 43 頁 ………… 104
最判昭 44・7・8 民集 23 巻 8 号 1407 頁・判タ 239 号 145 頁・判時 565 号 55 頁 …………15
最判昭 44・9・18 民集 23 巻 9 号 1675 頁・判タ 242 号 159 頁・判時 573 号 53 頁 …………19
最判昭 45・6・11 民集 24 巻 6 号 509 頁・判タ 251 号 183 頁・判時 598 号 64 頁 ………… 153
最大判昭 45・6・24 民集 24 巻 6 号 587 頁・判タ 249 号 125 頁・判時 595 号 29 頁 ……… 155
最判昭 47・3・24 判時 665 号 56 頁・集民 105 号 333 頁………………………………………… 103
最判昭 48・3・13 民集 27 巻 2 号 344 頁・判タ 292 号 248 頁・判時 701 号 69 頁 ……18,136,139
最判昭 49・4・26 民集 28 巻 3 号 503 頁・判タ 310 号 148 頁・判時 745 号 52 頁 …………12
最判昭 49・7・18 民集 28 巻 5 号 743 頁・判タ 312 号 207 頁・判時 754 号 48 頁 ………… 113
最判昭 49・9・30 判時 760 号 59 頁・集民 112 号 827 頁………………………………………97
最判昭 49・12・6 民集 28 巻 10 号 1841 頁・判タ 323 号 139 頁・判時 791 号 78 頁 ………53
最判昭 50・11・28 民集 29 巻 10 号 1614 頁・判タ 332 号 196 頁・判時 802 号 79 頁 ………62
最判昭 52・11・24 民集 31 巻 6 号 943 頁・判タ 357 号 230 頁・判時 874 号 42 頁 ………167,180,192
最判昭 53・9・14 判時 906 号 88 頁・集民 125 号 57 頁・金商 558 号 3 頁 ………………… 174
最判昭 53・12・15 判時 916 号 25 頁・集民 125 号 839 頁・金商 566 号 11 頁 …………… 112
最判昭 55・5・1 判タ 419 号 77 頁・判時 970 号 156 頁・集民 129 号 603 頁 ……………… 192
最判昭 55・10・23 民集 34 巻 5 号 747 頁・判タ 427 号 77 頁・判時 983 号 73 頁 …………21
最判昭 55・12・9 判タ 435 号 90 頁・判時 992 号 49 頁・集民 131 号 205 頁 ……………… 192
最判昭 56・12・17 民集 35 巻 9 号 1328 頁・判タ 462 号 70 頁・判時 1030 号 32 頁 ……… 110
最判昭 57・1・22 民集 36 巻 1 号 92 頁・判タ 466 号 83 頁・判時 1035 号 52 頁 ………… 108
最判昭 58・2・24 判タ 497 号 105 頁・判時 1078 号 76 頁・集民 138 号 229 頁 …………… 110
最判昭 62・11・10 民集 41 巻 8 号 1559 頁・判タ 662 号 67 頁・判時 1268 号 34 頁 ……… 110
最判昭 62・12・18 民集 41 巻 8 号 1592 頁・判タ 657 号 78 頁・判時 1262 号 102 頁 ………74
最判昭 63・7・1 民集 42 巻 6 号 477 頁・判タ 675 号 122 頁・判時 1286 号 57 頁 …………91
最判平元・6・1 判タ 705 号 124 頁・判時 1321 号 126 頁・集民 157 号 1 頁 ……………… 72,73
最判平 3・3・22 民集 45 巻 3 号 322 頁・判タ 755 号 110 頁・判時 1380 号 90 頁 ……… 73,91
最判平 4・7・17 民集 46 巻 5 号 538 頁 ……………………………………………………………… 5
最判平 5・11・11 民集 47 巻 9 号 5255 頁・判タ 888 号 134 頁・判時 1541 号 88 頁 ………17
最判平 6・2・22 民集 48 巻 2 号 414 頁・判タ 888 号 114 頁・判時 1540 号 36 頁 ……… 108
最判平 6・7・14 民集 48 巻 5 号 1109 頁・判タ 860 号 115 頁・判時 1507 号 129 頁 …… 52,58
最判平 6・12・6 判タ 870 号 109 頁・判時 1517 号 35 頁・集民 173 号 481 頁 …………… 48,71
最判平 7・12・15 民集 49 巻 10 号 3051 頁・判タ 897 号 247 頁・判時 1553 号 86 頁 ………22

最判平 8・4・26 民集 50 巻 5 号 1267 頁・判タ 910 号 80 頁・判時 1567 号 89 頁 ………………… 103
最判平 9・1・20 民集 51 巻 1 号 1 頁・判タ 931 号 153 頁・判時 1593 号 52 頁 ……………………… 74
最判平 9・2・25 民集 51 巻 2 号 432 頁・判タ 936 号 218 頁・判時 1598 号 87 頁 …………… 53,54,57
最判平 10・3・26 民集 52 巻 2 号 513 頁・判タ 972 号 126 頁・判時 1638 号 79 頁 ……………………91
最判平 10・9・10 判タ 990 号 138 頁・判時 1661 号 81 頁・集民 189 号 743 頁 ………………………15
最判平 13・11・22 民集 55 巻 6 号 1056 頁・判タ 1081 号 315 頁・判時 1772 号 44 頁 ……………… 112
最判平 15・7・3 判タ 1133 号 124 頁・判時 1835 号 72 頁・集民 210 号 217 頁 ………………………73
最判平 17・7・15 民集 59 巻 6 号 1742 頁・判タ 1191 号 193 頁・判時 1910 号 99 頁 ……………… 128
最決平 18・9・11 民集 60 巻 7 号 2622 頁・判タ 1225 号 205 頁・判時 1952 号 92 頁 …………………16
最判平 18・10・20 民集 60 巻 8 号 3098 頁・判タ 1225 号 187 頁・判時 1950 号 69 頁 ……………… 109
最判平 22・4・13 集民 234 号 31 頁 ………………………………………………………………………15
最判平 22・6・29 民集 64 巻 4 号 1235 頁・判タ 1326 号 128 頁・判時 2082 号 65 頁 ……………… 175
最判平 24・9・4 判タ 1384 号 122 頁・判時 2171 号 42 頁・集民 241 号 63 頁 ……………………… 154
最判平 26・4・24 民集 68 巻 4 号 380 頁・判タ 1402 号 61 頁・判時 2225 号 68 頁 ………………… 168
最判平 27・10・27 民集 69 巻 7 号 1763 頁・判タ 1422 号 80 頁・判時 2294 号 57 頁 …………………74

執行関係訴訟の実務──基礎知識と手続の全体像の把握──

2017年2月1日　初版第1刷印刷
2017年2月20日　初版第1刷発行

廃止 検印	©著者　園部　厚
	発行者　逸見慎一

発行所　東京都文京区本郷6丁目4の7　株式会社　青林書院
振替口座　00110-9-16920／電話03(3815)5897～8／郵便番号113-0033

印刷・中央精版印刷㈱／落丁・乱丁本はお取替え致します。

Printed in Japan　ISBN978-4-417-01706-6

〈㈳出版者著作権管理機構　委託出版物〉
本書の無断複写は著作権法上での例外を除き禁じられています。複写される場合は、そのつど事前に、㈳出版者著作権管理機構（電話03-3513-6969，FAX03-3513-6979, e-mail: info@jcopy.or.jp）の許諾を得てください。